UNIVERSITÉ DE PARIS. — FACULTÉ DE DROIT

LE SERMENT

ÉTUDE DE DROIT POSITIF & DE LÉGISLATION

THÈSE POUR LE DOCTORAT

Présentée et soutenue le jeudi 23 novembre 1899, à 2 h. 1/2

PAR

CHARLES CHARRIER

AVOCAT A LA COUR DE PARIS

Président : M. LÉON MICHEL.

Suffragants : MM. MASSIGLI, *professeur.*
PIÉDELIÈVRE, *agrégé.*

PARIS

LIBRAIRIE NOUVELLE DE DROIT ET DE JURISPRUDENCE

ARTHUR ROUSSEAU, ÉDITEUR

14, RUE SOUFFLOT ET RUE TOULLIER, 13

1899

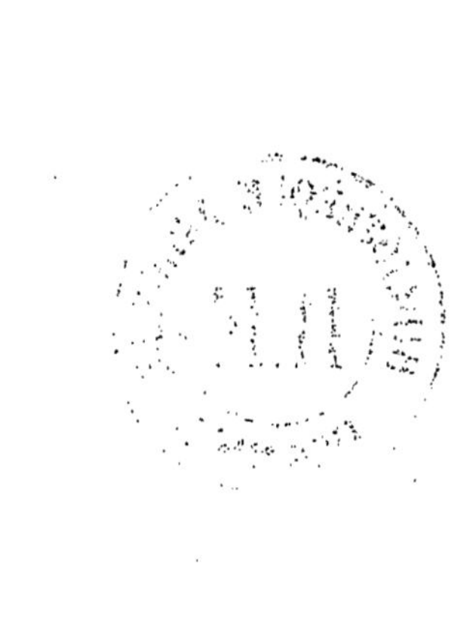

THÈSE

POUR LE DOCTORAT

La Faculté n'entend donner aucune approbation ni improbation aux opinions émises dans les thèses ; ces opinions doivent être considérées comme propres à leurs auteurs.

UNIVERSITÉ DE PARIS. — FACULTÉ DE DROIT

LE SERMENT

ÉTUDE DE DROIT POSITIF & DE LÉGISLATION

THÈSE POUR LE DOCTORAT

L'ACTE PUBLIC SUR LES MATIÈRES CI-APRÈS

Sera soutenu le jeudi 23 novembre 1899, à 2 heures 1/2

PAR

CHARLES CHARRIER

AVOCAT A LA COUR DE PARIS

Président : M. LÉON MICHEL.

Suffragants : MM. MASSIGLI, *professeur*. PIÉDELIÈVRE, *agrégé*.

PARIS

LIBRAIRIE NOUVELLE DE DROIT ET DE JURISPRUDENCE

ARTHUR ROUSSEAU, ÉDITEUR

14, RUE SOUFFLOT ET RUE TOULLIER, 13

1899

BIBLIOGRAPHIE [1]

Allary. — Le serment professionnel du Magistrat (Audience de rentrée de la Cour de Riom), 1881.

Antonini. — Du serment, 1878.

Arbinet. — Le serment des greffiers de justice de paix, 1891.

D'Arbois de Jubainville. — Comparaison entre le serment celtique et le serment grec (*Revue archéologique*, 1892).

Félix Bayssat. — Du serment en justice (Séance de rentrée de la conférence des avocats de Poitiers), 1886.

Ludovic Beauchet (*Recueil périodique de législation de Rousseau et Laisney*, année 1892, p. 186 et seq.).

Beccaria. — Des délits et des peines (trad. Faustin-Hélie), 1856.

Benoit-Lévy. — Étude sur le serment *more Judaïco*, 1881.

Bentham. — Traité des preuves judiciaires, édit. Dumont, 2 vol., extrait de l'original *Rationale of judiciale evidence*, 1823.

Berriat Saint-Prix. — Réflexions et recherches sur le serment judiciaire (*Revue Wolowski*, 1838).

Bonnier. — Traité des preuves, édition Larnaude, 1888.

Burkly. — Théorie sur le serment judiciaire et extrajudiciaire. Thèse pour le doctorat. Genève, 1882.

Joseph Caccia. — Le serment. Son origine. Son antiquité, 1870.

Charles Carpentier. — Quelques notes sur le serment (*Le Droit* des 17 et 18 mars 1882).

Cicéron. — *De officiis.*

Compte général de l'administration de la justice civile et commerciale en France et en Algérie ; publié par le ministre de la justice. Années 1840-1895.

Jules Declève. — Du serment et de sa formule. Bruxelles, 1873.

(1) Cette bibliographie ne contient que des références spéciales. Nous n'avons pas cru nécessaire de dresser la longue liste des autres livres consultés : ouvrages généraux de droit civil, de procédure, de droit commercial ou criminel, recueils de jurisprudence, journaux et revues de droit, etc.

Gabriel. — Essai sur les preuves, édition Solon.

Alfred Giraud. — Du serment décisoire (*Revue critique de législation*, 1864).

Hansenius. — *De jure jurando veterum liber*, 1614.

Honel. — Du serment (Audience de rentrée de la Cour d'Alger), 1889.

Jacomet. — Une audience devant le tribunal des héliastes au temps de Démosthène (Audience de rentrée de la Cour de Poitiers), 1895.

Jambois. — L'article 311 du Code d'instruction criminelle. Le serment de rentrée, 1880.

Jeanvrot. — La question du serment, 1882.

— La suppression du serment, 1887.

Constant Le Gentil. — Essai historique sur les preuves, 1864.

Le Senne. — Des moyens de preuve dans l'instance en séparation de corps (*France judiciaire*, 1878-79).

Herbert Lousada. — Le serment en Angleterre (*France judiciaire*, 1881-82).

Mazeau. — Le serment judiciaire (Audience de rentrée de la Cour d'Agen), 1884.

Migneret. — Du serment judiciaire (*Revue critique de législation*, 1871-72).

Achille Morin. — 1re dissertation relative au serment des Israélites. — 2e dissertation relative au faux serment (*Journal des avoués*, 1844).

E. M. (un magistrat). — Le serment en justice (*Loi* du 23 mars 1882).

Charles Nouguier. — La Cour d'assises, 1870.

Platon. — *Lois*. Traduction Cousin.

De Pressensé (*Revue politique et littéraire*, 1er avril 1882).

LE SERMENT

ÉTUDE DE DROIT POSITIF ET DE LÉGISLATION

INTRODUCTION

Dire comment est venue l'idée de cette étude est le moyen le plus simple de faire savoir dans quel esprit elle est conçue.

On s'est demandé pourquoi le serment n'était jamais étudié que comme mode de preuve ; et on a pensé que l'importance, très grande il est vrai, de cette application n'était pas une raison suffisante pour faire perdre de vue les autres.

Quant à ces dernières, si on comprend que le législateur, en les consacrant dans les matières les plus diverses, les ait dispersées dans ses Codes et dans ses lois particulières, il est plus étonnant que la doctrine, qui remonte aux idées générales, n'ait jamais cru devoir faire de toutes ces applications une construction théorique et envisager l'institution dans son unité naturelle. Nous ne prétendons pas construire cet édifice : nous voulons seulement en réunir les matériaux épars.

Pour l'explication des règles de droit positif ce rapprochement présente aussi son utilité ; il suggère des analogies qui permettent de résoudre bien des difficultés.

Au point de vue critique, cette synthèse aboutit à un résultat en quelque sorte négatif. Elle fait plus clairement apparaître combien est fragile la base même de notre institution et justifiées les attaques dont elle a été l'objet.

Considérant ainsi comme essentiel de distinguer ce qui est de ce qui doit être, nous avons adopté la division bipartite suivante : Partie positive. Partie critique.

PREMIÈRE PARTIE

PARTIE POSITIVE

CHAPITRE PREMIER

CARACTÈRE RELIGIEUX DU SERMENT.

Le serment est une déclaration que fait une personne en prenant Dieu à témoin de sa sincérité et en se vouant aux châtiments divins pour le cas où elle ne serait pas sincère. Il contient ainsi deux éléments religieux : l'invocation et l'imprécation ou exécration.

Tout serment n'offre pas d'intérêt juridique ; autrement c'est la vie entière de l'humanité qu'il faudrait étudier. Un serment n'est juridique que s'il est exigé par la loi ou par le juge, que si un tel effet lui est attribué par une convention légalement formée. De nombreuses applications du serment restent ainsi en dehors du droit pour ne relever que de la morale, de la théologie, de la poésie, de l'histoire, etc.

Toute déclaration se réfère à ce qui est en notre savoir s'il s'agit du présent ou du passé, ou en notre pouvoir s'il s'agit de l'avenir, de sorte que dans tout serment nous affirmons un fait ou nous manifestons notre volonté (1). Mais ce n'est là que l'objet du serment ; son essence est dans l'invocation et dans l'exécration qui accompagnent et fortifient la déclaration. Si elles correspondent à une conviction religieuse réelle chez le prestataire, elles deviennent une garantie de la vérité du fait affirmé, de l'exécution de l'engagement contracté. Ainsi dans le serment, la Religion prête son concours à la Loi pour le triomphe du Droit. A ce point de vue, il est exact que le serment soit un acte à la fois civil et religieux : civil dans son objet et dans sa fin juridique, religieux dans le moyen qui sert à réaliser cette fin et dans la forme qui exprime ce moyen.

Il y a bien d'autres garanties dans une déclaration assermentée, mais elles ne sont pas propres au serment. La garantie morale doit être en effet soigneusement distinguée de la garantie religieuse. Elle réside dans la conscience de l'homme honnête, qu'il soit religieux ou non ; elle est en jeu chaque fois qu'il affirme ou qu'il s'engage.

Par sa solennité dont l'appareil frappe l'imagination du prestataire et peut produire sur lui au moment de jurer une réaction salutaire, le serment possède une autre garantie, née du respect humain, de la crainte de l'opinion publique, et en définitive de l'amour propre, indépendante au contraire de tout sentiment religieux. Une déclaration accompagnée de solennités toutes civiles réalise aussi bien cette garantie.

Il y a enfin une garantie pénale dans la loi qui réprime le parjure. Mais elle est arbitraire, puisqu'elle laisse le mensonge impuni ; et d'ailleurs, même à l'abri des sanc-

(1) Telle est la base naturelle de la distinction du serment affirmatif et du serment promissoire.

tions pénales, comme cela arrive pour quelques catégories de serments, le parjure n'en subsisterait pas moins.

Pour établir l'existence de ce caractère religieux que nous affirmons, nous aurons par exception recours à l'histoire, parce que la question est essentielle dans notre thèse : il ne faut, pour la résoudre, négliger aucun élément. La première observation qui se dégage de l'examen historique du serment, est son emploi universel. A un point de vue très élevé, il est regrettable qu'une pareille garantie soit nécessaire pour affermir le respect de la vérité et des engagements. Mais jamais, dans aucune société, même à l'âge d'or chanté par les poètes (1), la bonne foi n'a été la règle dans les relations humaines. Au contraire la mauvaise foi des hommes a fait sentir de tout temps le besoin du serment par la crainte des sanctions divines d'outre tombe qu'il ajoute à celle des sanctions humaines. Tous les peuples en usent, comme tous ont une religion. Les formules, avec le caractère religieux qu'elles révèlent, marquent le rapport étroit de ces deux faits historiques. Leur variété même s'explique par ce rapport : « La forme du serment, peut-on dire avec Ayrault, est telle qu'est la religion de chaque pays. » Pour la même raison la force du serment est proportionnelle à celle de la religion : aussi, chez les peuples jeunes, aux croyances naïves et profondes, le serment est sacré et en même temps assez rare. Il en est de lui comme des produits dans l'ordre économique : sa valeur est en raison inverse de sa fréquence. Acte d'une valeur

(1) C'est par une fiction enthousiaste que le grand Hésiode célèbre le temps où le serment n'était pas encore né, où la bonne foi régnait sans partage sur le monde. « La Discorde, fille de la Nuit, enfanta les pénibles travaux, les querelles, les mensonges, les discours ambigus et captieux, le serment si funeste à tout mortel qui le viole. »

mystique, immatérielle, il perd sa force en se matérialisant dans un usage courant et banal. Aussi les époques de décadence religieuse et de scepticisme des civilisations vieillies, concordent-elles avec la prodigalité des serments et leur inanité.

Certains peuples et certains philosophes attribuaient au serment une origine divine. D'après Manou, « des serments ont été faits par les sept grands Richis et par les Dieux pour éclaircir les affaires douteuses » (1). Pythagore va plus loin et rattache la création du monde à un serment antérieur de l'Etre suprême par lequel il s'était volontairement résolu de toute éternité à tirer du néant les créatures, à les conserver dans un certain ordre et à les diriger d'après certaines règles qu'il avait instituées. C'est, selon Pythagore, le serment-type, gardien de la loi de Dieu ; les autres, garants de la foi humaine, n'étaient que ses ombres et ses images. Chez les Hébreux des mots presque identiques signifient : sept, semaine et serment. On en a tiré que pour eux aussi la création du monde se rattachait à un serment de Dieu. En tout cas Jéhovah en usait fréquemment vis-à-vis de son peuple (2), et par l'organe de ses prophètes il lui prescrivait de jurer en son nom (3). C'est cette formule-type (4), à laquelle se réfèrent ses fréquentes menaces (5).

(1) *Lois*, 12.110.

(2) Ex. Serments à Abraham, à Isaac, à Jacob : *Gen.*, 22.16 ; *Deut.*, 6.10 ; *Adde*, Jérémie, 51.14 ; Amos, 6.8 : Esaïe, 45.23.

Jéhovah jurait par lui-même ; comme dit saint Paul, *ad Heb.*, 6-13 et 16, il ne pouvait invoquer un plus grand que lui.

(3) *Exode*, 23.13, *Deut.*, 6.13, 10.20 ; *Levit.*, 19.12 ; Esaïe, 45.23. 55.16 ; Jérém., 4.2.

(4) Ex. Serments d'Abraham à Bérah (*Gen.*, 14.22), à Abimelech (*Gen.*, 21, 23 et ss.). Serment d'Eliézer à Abraham (*Gen.*, 24, 2 et ss.).

(5) Ex. *Deut.*, 5.11. Exode, 20.7. Dieu ne tiendra pas pour innocent celui qui aura pris son nom en vain.

En la prononçant, le prestataire levait la main droite vers le ciel (1) : attestation par le geste qui confirmait l'attestation par la parole. Il y avait d'autres formules : *per patrem*, *per matrem*, *per liberos*, par la vie du roi ou d'autres personnes honorées (2), par leur âme (3) ou par leurs cendres après leur mort ; mais elles étaient tout aussi religieuses. On voue la personne ou l'objet qui est cher, à la vengeance de Dieu au cas de parjure (4). En particulier le serment purgatoire de la femme accusée d'adultère était une véritable cérémonie religieuse (5) : elle avait lieu dans le temple, sous la direction du prêtre sacrificateur ; des offrandes étaient apportées, les eaux saintes jouaient un rôle et, à la formule prononcée par le prêtre, la femme répondait : *amen*.

Avec l'altération des croyances primitives, l'abus du

(1) Ex. *Gen.*, 14. 22 ; *Deut.*, 32.40. Quelquefois les deux mains : ex. Daniel, 12. 7. Dans d'autres cas, celui à qui s'adressait le serment était assis et le prestataire jurait « manu sub alterius femore ac genitali parte posita » (ex. *Gen.*, 24.2.3 et 9 ; 47. 29 à 31). On a proposé plusieurs explications symboliques de ce geste bizarre. Selon les uns, on invoquait par là la partie du corps considérée comme sacrée, parce que toute postérité vient d'elle. Selon d'autres, ce geste désignait la circoncision qui n'est autre que le signe d'alliance entre Dieu et la postérité d'Abraham. Selon d'autres, ce n'était qu'une marque de soumission. Selon Grotius, c'est comme si on disait : « si fallam ense tuo peream : nam ad femur locus ensis ». Rapportant ces opinions, Reuss (*Anc. Test.*, t. I, p. 374, n° 3) ajoute qu'une coutume semblable « se rencontrait aussi chez d'autres peuples de l'Orient, Egyptiens, Syriens, Arabes, d'après le témoignage des anciens ».

(2) Ex. Sam, 1.17.55, 1.25.26, 1.1.26, Rois, 2.2.4.

(3) Ex. Serment de Jacob, « per timorem patris sui Isaac » (*Gen.*, 31.53).

(4) M. Bonnier (*Traité des Preuves*) considère au contraire ces serments comme non religieux.

(5) *Nombres*, 5.

serment commença : l'Ecclésiaste s'en émeut déjà (1). Soit que son avertissement ait réussi à réveiller la crainte de la divinité, soit, ce qui est plus probable, que les Hébreux aient subi l'influence des autres religions orientales pendant la captivité de Babylone, le serment par Jéhovah fut abandonné et remplacé par des serments *per Elohim, per Sadai, per Zabaoth, per Misericordem, per Gratiosum, per Deum Israel*. Mais on arriva ainsi à employer des formules banales par lesquelles on se croyait moins engagé (serments par le ciel, par la terre, par Jérusalem, par le temple, par l'autel, par le don qui est sur l'autel). Jésus démontra au contraire que toutes les formules se valent, qu'elles entraînent toutes les mêmes sanctions parce qu'elles sont toutes également religieuses : l'homme, la terre, la ville sainte appartiennent à Dieu, dit-il, comme son nom lui-même (2). Enfin dans le discours de la montagne, il défendit expressément tout emploi du serment : *ego autem dico vobis non jurare omnino* (3).

Les autres peuples orientaux étaient polythéistes ou même fétichistes. A côté des dieux particuliers à chacun d'eux, ils divinisaient et adoraient tout ce qui se présentait à eux dans la nature avec un caractère d'utilité ou de puissance : astres, montagnes, fleuves, animaux, plantes, métaux, etc. Les Indiens juraient par l'eau du Sandaracine (4), les Massagètes par le Tanaïs et les marais de la

(1) 5, 2 à 7.

(2) Cf. Reuss, *Nouveau Testament*, t. I, p. 210.

(3) *Évangile de St-Mathieu,* 5.33 et sq. ; 26.16 et sq.

Déjà un siècle avant Jésus, la secte juive des Esséniens repoussait tout serment (Hansenius, *in libro de jurej.*, cite en ce sens Joseph, Pline et Stobbée).

(4) D'ailleurs la formule variait suivant les quatre castes principales ; le prêtre ou brahmane jurait par sa véracité, le kchatria (guerrier) par

Méotide, ou par le Soleil, leur souverain maître, comme dans le serment de la reine Tomyris ; les Scythes par leur roi, par son trône, par le vent et par le glaive, emblèmes de la vie et de la mort : mais le plus grand de tous les serments se fait chez eux par les Lares du palais. Les Perses jurent par Mithra, c'est-à-dire le soleil, personnification spéciale d'Ormuzd comme principe de la fécondité et du rajeunissement perpétuel du monde ; les Assyriens, par leur roi, mais surtout par Sémiramis, surnommée pour cette raison Atossabé, c'est-à-dire colombe du serment, les Arméniens par la déesse Anaïtis, les Cappadociens par une montagne qu'ils avaient divinisée. Les gens de Priène en Carie, après un combat terrible où ils avaient perdu la plupart des leurs, juraient depuis par les ténèbres du lieu. Les Ethiopiens, sur les cendres des morts enfermées dans des urnes de terre cuite ou sur leurs corps ensevelis dans des caisses de verre. Les Nasamons et les habitants d'Angila (1) prêtaient aussi serment en mettant la main sur le tombeau des hommes qui avaient été réputés les plus justes et les plus gens de bien.

Mais, sans aucun doute, ce sont les Egyptiens qui avaient la plus belle variété de formules. Le serment par le salut de Pharaon était pour eux le plus grave (2). Dans un traité entre Ramsès II et le prince de Khéta, contemporains de Moïse, les deux princes jurent d'observer leurs conventions par mille dieux des divinités mâles et des divinités femelles du pays de Khéta, par mille dieux mâles et fe-

ses chevaux, ses éléphants, ses armes ; le Vaïsya (commerçant ou agriculteur) par ses vaches, ses grains, son or ; le Soudra (ouvrier, artisan) par tous les crimes (Manou, 8. 113).

(1) Ville située dans le sud de la Cyrénaïque : aujourd'hui Anjileh.

(2) Ex. Serment de Joseph à ses frères (*Gen.*, 42. 15 et 16).

melles du pays d'Égypte (1). Les Egyptiens jurent constamment par Isis et Osiris (2), par Anubis, personnification du chien, par le bœuf Apis, par le singe, le crocodile, le bouc, l'épervier, l'ibis, le poireau, l'oignon, l'air, etc. Ces formules étaient sérieuses ; elles correspondaient à des croyances fétichistes réelles. Elles ne parurent ridicules et ne rabaissèrent la religion du serment qu'en passant chez les Grecs et les Romains qui n'avaient aucune raison d'y croire. « O religieuses nations, s'écrie Juvénal, qui trouvent leurs dieux dans leur légumier (3) ! »

Les Grecs et les Romains jurèrent par la multitude de leurs dieux qu'ils avaient communs, tantôt par un, tantôt par plusieurs, quelquefois par tous ensemble. L'invocation des dieux n'excluait pas celle des demi-dieux, comme Hercule, Castor et Pollux, ni même des planètes (4). Comme chez les Hébreux, les dieux prêchaient d'exemple ; ils juraient ordinairement par le Styx (5).

(1) Le texte du traité est inscrit sur les murailles de Karnak (V. Van den Berg, *Histoire ancienne*, p. 36).

(2) Le serment sur le tombeau d'Osiris, placé dans l'île de Philœ, était le plus grave pour les habitants de la Thébaïde (Diodore de Sicile, 1.22).

(3) Satire 15, *in initio*.

Les renseignements que nous avons donnés sur les différents peuples de l'antiquité sont tirés d'Hérodote (1.212,2.6 et *passim*), de Diodore de Sicile (1.84.90.77), de Strabon.

(4) Ex. Dans un traité entre les Macédoniens et les Carthaginois, on invoque Jupiter, Junon, Apollon, Hercule, Iolas, Mars, Triton, le soleil, la lune, la terre, les fleuves, les prés et tous les dieux Carthaginois ! (Polybe, 8.9). L'histoire ne dit pas que ces traités étaient mieux observés.

(5) Aristote, *Métaphysique*, 1.3.15. ; Ex. *Iliade*, ch. 15, serment de Junon à Jupiter ; *Odyssée*, ch. 14, serment de Junon au Sommeil ; ch. 5, serment de Calypso à Ulysse.

Comme tous les autres peuples anciens, les Grecs juraient debout, la main droite levée ou étendue sur l'autel du dieu. Véritable cérémonie religieuse, le serment était souvent accompagné de sacrifices (1). On invoquait normalement Jupiter, qui passait pour le gardien des serments, ou Minerve, souvent considérée comme déléguée dans ce rôle par Jupiter (2). Mais dans chaque ville ou contrée on invoquait plus spécialement le dieu protecteur du lieu, à Athènes, Minerve, à Lacédémone, Castor et Pollux (3), en Sicile, Proserpine, à Mégare, Dioclès (4), en Epidaure, Sémêlê, en Thrace, Mercure. On jurait aussi par le Styx (5), ou encore sur la tête d'une autre personne, de ses enfants, de ses parents (6).

A l'attestation se joignaient souvent les plus terribles imprécations, on disait : si je me parjure, puissions-nous périr moi et tous ceux qui sont nés de moi ou qui pourront en naître (7).

Les Pythagoriciens avaient une formule spéciale qui montre quelle importance ces philosophes attachaient au serment. « J'en jure par celui qui donne à notre âme le

(1) Ex. Le serment d'Agamemnon à Achille dans l'*Iliade* est accompagné du sacrifice d'un sanglier.

(2) Euripide, *Medée*, 169.

(3) Aristophane, *La paix*.

(4) Aristophane, *Acarn.*, 3.1.

(5) Hérodote nous rapporte l'amusante défiance de Cléomène, roi de Sparte, qui ne sait sous quel prétexte amener les principaux Arcadiens à Nonacris pour leur y faire prêter le serment de le suivre partout où il voudrait. Il tenait à ce serment parce qu'en cet endroit coulait un ruisseau qui, dans les croyances arcadiennes, n'était autre que le Styx.

(6) Juvenal, *Sat.* 6, V. 16.

(7) Démosthène, in Conon, in Aph., in Æschin, in Timarq.

quaternaire, source éternelle des principes de la nature (1). »

De bonne heure la société grecque fit un emploi désordonné du serment, on ne craignait plus de profaner le nom sacré des dieux en l'invoquant sans cesse. Leur vengeance, comme leur existence même, était devenue fort douteuse. Le serment n'était plus qu'un instrument de fraude vis-à-vis des hommes restés crédules. Dans ces conditions, jurer par un dieu n'était pas plus sérieux que de jurer par un morceau de bois.

Cela semble une boutade, et cependant c'est ce qui arriva. On se mit à jurer par tous les êtres animés et aussi par les choses inanimées, à la mode égyptienne. Les dialogues de Platon et de Lucien, les comédies d'Aristophane sont remplis de serments par Junon, par Jupiter, par Apollon, mais en outre de serments par le chien, dieu des Egyptiens (2) : et ces œuvres reflètent les mœurs du temps. Seulement ces grands esprits ne reproduisaient ces formules bizarres qu'avec une évidente intention ironique. Ils voulaient détruire par le ridicule les grossières superstitions du polythéisme, en les livrant à l'esprit caustique de leurs contemporains. C'est dans cette vue, autant que pour éviter d'invoquer des dieux auxquels ils ne croyaient pas, que Socrate jure par le chien, l'oie, le platane, un chêne ou un bouc et Zénon par une pierre quelconque ou par le câprier (3).

(1) Lucien, *Vers dorés, Les sectes à l'encan*. Le quaternaire était l'âme humaine représentée dans ses quatre éléments : intelligence, connaissance, opinion, sentiment. Le schéma de ce quaternaire était un triangle équilatéral.

(2) Ex. Gorgias, 15.37 ; Charmidès, 20.

(3) Tertullien l'a bien compris (*Apologétique*, 14) quand il s'appuyait sur Socrate pour combattre le paganisme. Mais d'autres n'y ont pas vu

En tous cas, le serment ne méritait plus aucune foi. Lysandre pouvait dire : « on amuse les hommes avec le serment comme les enfants avec des dés (1). » Les Grecs se parjuraient donc avec la plus grande facilité ; seuls parmi eux les Athéniens avaient une réputation passable de bonne foi (2). Quant aux Spartiates, ils ne cédaient à aucune autre peuplade pour la perfidie. Pour eux le serment était un jeu, dit Cicéron (3), et Euripide les appelle les princes des menteurs (4).

A Rome, Cicéron caractérise d'un mot le serment : *affirmatio religiosa*, et cette définition est aussi exacte que concise. Chacun invoquait des dieux différents suivant sa profession, son goût, ses dispositions naturelles, son sexe même : ainsi les Vestales juraient par la déesse à laquelle elles étaient consacrées, les femmes mariées par Junon qui préside à la paix et au bonheur du ménage, les laboureurs par Cérès, et ainsi de chaque dieu pour les catégories de personnes auxquelles il était le mieux approprié (5). Sous l'empire on jura par le prince, par son génie, son salut, sa fortune, sa majesté, son éternité (6). Les formules ordi-

finesse et ont cru devoir gourmander les philosophes grecs de leurs croyances grossières ! (V. Lactance, *Institut. divines*, 3.20).

(1) Plutarque, *Vie de Lysandre*, 8.

(2) Flaccus, *Argonautiques*, 4 ; Silius Italicus, *G. puniques*, 13 ; Demosth., *Orat. 2a adv. Beot.*

(3) *Pro Flacco.*

(4) Andromaque, V. 446 ; *Adde* Aristophane Acharn., 2.11.

On a cependant coutume d'admirer la fidélité des Grecs qui observèrent pendant des siècles les lois que leur avaient données Lycurgue et Solon et qu'ils avaient juré de conserver. Mais, à notre sens, il y a dans ce fait une preuve bien moins du respect du serment que de la valeur des lois elles-mêmes (Plutarque : Lyc., § 42, Solon, § 35).

(5) *Adde*, A. G. (116).

(6) Ex. Staces, *Silves*, 4. 3, v. 153.

C'est seulement Charlemagne qui proscrivit le serment per salutem

naires d'exécration étaient : *ita sim felix; ita vivam, ita me di ament.*

Mais voici quelles étaient les solennités de ce qu'on pourrait appeler les grands serments. On se rendait au temple de Jupiter Capitolin et, la main sur l'autel, on jurait par le nom de Jupiter. De la main gauche on tenait une pierre qu'on lançait alors en disant : puissé-je être chassé de la ville, comme je lance cette pierre, si je manque à mon serment. Fréquemment cette solennité était accompagnée d'un sacrifice (1).

Enfin l'incapacité de jurer du *Flamen Dialis* qui, lorsqu'un serment lui était demandé, jurait par mandataire, n'est-elle pas une autre preuve de notre caractère religieux (2)?

Les Romains furent certainement le peuple chez lequel

imperatoris, mais Tertullien s'était déjà élevé contre cette formule : satis habeat appellari imperator.

(1) Festus, V° *Lapidem* : si sciens fallo, tum me Diespiter, salva urbe arceque, ejiciat, ut ego hunc lapidem.

Adde, Plaute, *Rudens*, 5, 2, qui donne un exemple complet des formalités du serment. Cicéron mentionne au *Pro Flacco* l'usage de jurer à l'autel, d'où vient du reste le proverbe amicus usque ad aras, c'est-à-dire usque ad jusjurandum. Comme exemples historiques voyez le serment de Sylla au Capitole devant la multitude (Plutarque, *Vie de Sylla*), le serment d'Annibal à ses soldats et alliés pour les entraîner contre Rome (T. L., 21. 45) ; dans cet exemple la sacrification d'un agneau modifie curieusement l'exécration. La pierre sert à immoler l'agneau, et l'agneau devient le signe de l'exécration : puissè-je si je me parjure périr comme cet agneau.

Dans les traités publics le Fécial disait : puissè-je périr dans mon propre patrimoine, dans mes propres lois, dans mes propres lares, dans mes propres temples, dans mes propres sépulcres, aussi bien que cette pierre tombe de ma main (Polybe, *H. R.*, 3).

(2) Festus, V° *Jurare*, A. G., 10. 15, T. L., 31. 50, Plutarque, Prob. 43.

le serment conserva le plus longtemps sa force, et précisément parce que c'était le peuple le plus religieux de l'antiquité. « Rome, dit Montesquieu dans une belle image, était un vaisseau tenu par deux ancres dans la tempête ; la religion et les mœurs (1). »

N'était-ce pas à la *Fides*, déesse gardienne des serments, que Numa avait élevé le premier temple (2) ? L'histoire romaine est pleine de faits qui établissent ce respect du serment (3). C'est seulement à la fin de la République qu'il commença à perdre sa force. « Bien des gens, dit Juvénal, ne croient plus à l'existence d'aucun dieu et supposent que tout dans ce monde se meut de soi-même et sans autre direction que celle du hasard. Aussi s'approchent-ils sans crainte de tous les autels quels qu'ils soient (4). » Et Sénèque rappelle tristement ces temps anciens où, bien qu'on

(1) *Esprit des lois*, 8. 13.

(2) Denys d'Halicarnasse ajoute que sa statue fut plus tard placée au Capitole auprès de celle de la Justice.

(3) Aux trois exemples que cite Montesquieu (*loc. cit.*) d'après Tite-Live, et à l'exemple classique de Régulus sur lequel raisonne Cicéron au *de officiis* (3-29, 30), ajoutez l'exemple des dix otages qu'Annibal renvoya à Rome, diversement rapporté par Polybe (*H. R.*, 6, 58), A. G. (*N. At.*, 7, 18), T. L. (22-58 et 61) et Cicéron (*de offic.*, 3.31.— *Adde*, encore T. L.,26, 48.

(4) Satire 13. Juvénal ajoute, avec cette exagération qui dépare quelquefois ses meilleurs tableaux : « quelques autres ont des croyances religieuses, mais ils n'en violent pas moins leur serment se disant en eux-mêmes : qu'Isis la vengeresse du parjure fasse de mon corps ce qui lui plaira, qu'elle me touche de son sistre et me prive de la vue, je me contenterai de la cécité pourvu que je garde l'argent dont je dénie la dette ». Quel est l'insensé qui préférerait la perte de la vue à celle d'une somme d'argent ?

Même exagération et qui aboutit à un détail répugnant dans la satire 13, V. 78 : « puissè-je si je mens, fait dire Juvénal au parjure, manger la tête de mon fils assaisonnée de vinaigre ».

jurât sur des dieux d'argile, on respectait ses engagements (1).

Les textes du droit romain classique ne déterminent ni la forme, ni la formule du serment ; ils s'en rapportent à la coutume. Dans le serment décisoire, c'était le *deferens* qui rédigeait la formule, sauf au juge à l'interdire et à en prescrire une autre, si elle lui paraissait illicite (2). La formule était encore son œuvre, s'il s'agissait d'un serment déféré par lui (3) ou si le *deferens* n'usait pas de son droit.

Avec le triomphe du christianisme, on eût pu s'attendre à la chute du serment. De fait la plupart des apôtres et des évêques des premiers siècles le proscrivirent (4) après Jésus. Mais ce fut en vain ; force était aux chrétiens, vivant sous l'empire de la loi romaine, d'employer le serment, s'ils voulaient, comme les autres, accéder aux offices publics ou gagner leurs procès. D'autre part, le serment était, pour l'Eglise chrétienne naissante, un excellent instrument de domination temporelle. Aussi, dès le quatrième siècle, l'Eglise ne donne-t-elle plus à la défense du Christ la valeur d'un dogme nouveau, et n'y voit-elle qu'une protestation contre les abus de serment. Cette dif-

(1) *Consolatio ad Helviam*, 10.

(2) Dig., *de jurejurando*, 12. 2. 3. 4 et 5.

(3) Dig., *eod. tit.*, L. 34, § 5.

(4) St Jacques (*ad Heb.*, 5. 12) ; St Justin (*Apolog.*, 16) ; St Clément d'Alexandrie (*Strom.*, 7, 8) ; Tertullien (*Idol.*, 11) ; St Grégoire Thaumaturge (*Paraph. de l'Eccles.*, 8. 2) ; Lactance (*Instit. div.*, 64) ; Eusèbe Pamphyle (*Prép. Evang.*, 1) ; St Hilaire (*Com. de St Math.*); St Athanase (*Passion et Croix du Seig.*, 4) ; St Basile (*Hom. sur le 14e ps.*); St Grégoire de Naziance (*Orat.*, 42) ; St Grégoire de Nysse (*Hom.*, 13); St Jean Chrysostome (*Actes des Ap.*, 4) ; St Jérôme (*Comment. de St Math.*) ; *Adde*, Reuss (*Nouv. Test.*, 1, p. 209 et 210). — *Contrà :* St Paul (*ad Heb.*, 6. 16) ; St Augustin (*Disc. aux Gal.*, 1. 20).

ficulté écartée, le christianisme, religion monothéiste, d'une élévation supérieure à toutes les autres religions de l'antiquité, devait donner au serment une forme et une force nouvelles. Il n'y manqua pas. On jura désormais à l'Eglise (même pour le serment judiciaire), la main sur l'autel ou les saintes Ecritures, au nom de Dieu tout puissant (1).

Chez les barbares, nouvellement convertis, l'ancienne formule de serment sur les armes subsista longtemps encore, en souvenir de leurs mœurs guerrières (2). Mais la forme chrétienne, telle que nous l'avons indiquée pour le bas empire romain, acquit bientôt la prééminence (3).

(1) Code *de reb. cred.*, 4.1.12.5 ; *de jurej. propt. cal.*, 2.59.1, *de curat. fur.*, 5.70.7.5 ; Novelle, 72, c. 3.

La novelle 9 défend même de jurer per externos deos, ne ulla ullo modo falsis diis veneratio praestetur. La célèbre novelle 8 prescrit la lourde formule du serment des fonctionnaires : Juro ergo per deum omnipotentem et filium et unigenitum Dominum Nostrum Jesum-Christum et Spiritum Sanctum, etc. Si vero hæc omnia ita non servavero, recipiam hic et in futuro sæculo in terribili judicio magni dei domini et salvatoris nostri Jesu-Christi et habeam partem cum Juda et lepram Giesi et tremorem Caïn, insuper et pænis, quæ lege eorum pietatis continentur ero subjectus.

(2) L. Alamans, tit. 89, à propos du serment purgatoire du meurtrier : juret, et... in arma sua sacramenta ; L. Bavarois, tit. 16, *De Testibus*, c.5 : donet arma sua ad sacrandum et per ea juret; L. Lombards, 2.55.5 : pour les causes au-dessous de 20 solides : juret ad arma sacrata ; L. Saxons, t. 1 *de Vulneribus*, 8 : « Sua armata juret ». *Adde*, Frédégaire L. 4, c. 74 : Saxones,.. ut eorum mos erat, super arma placata... firmant. Quant aux femmes elles juraient *per pectus suum* (L. Alam., 56-2).

(3) L. Alamans : Juret in ipso in altare coram sacerdote vel ministro ejus (vol d'objets d'église) ; L. Bavarois, tit. 1, ch. 3, *De Furtis ecclesiæ*, L. 2, Juret... in altare coram populo et presbytero ; L. 3, Juret... in ipso altare ; Ch. 5, *Meurtriers de gens d'église*, Juret in altare ; Ch. 6, *Incendiaires d'église*, L. 2, Juret in altare evangelio superposito coram defensore Ecclesiæ ; L. Lombards, 2.55.5, pour les causes de 20 solides

Il y avait bien une formule très simple et qu'on retrouv encore dans beaucoup de législations actuelles : *per Deu juro et sic me Deus adjuvet* ; mais, malgré les protestatior des Pères de l'Eglise, on considérait les formules compl quées comme liant plus étroitement. « *Stulti*, s'écrie sai Jean Chrysostome, *scripturæ sanctæ propter Deum sun non Deus propter scripturas.* »

Nous arrivons aux siècles de la plus profonde barbari Toute science est morte, ou en léthargie dans quelqu cloîtres, pour de longs siècles. Les royaumes barbares q s'étaient élevés sur les ruines de l'Empire romain perde à leur tour leur force et leur unité. Partout où l'Etat éte dait sa puissance, devenue inerte, les plus forts et les pl audacieux s'élancent à l'assaut et s'en arrachent les lan beaux. La féodalité naît, avec ses luttes continuelles locales, son horizon étroit et sanglant. Tout se décompo et s'émiette. Rien de grand ne subsiste plus ni sur la terr ni dans les âmes, sauf la foi chrétienne (1).

Mais quelle foi ! rapetissée et pliée à l'usage de ces no velles existences ; étroite, grossière, matérielle en quelq sorte. C'est un tissu naïvement composé de superstitio barbares et de légendes locales.

Le serment dans sa formule suit docilement cette tris évolution. On a oublié les formules larges que tout chr

et au-dessus, ad Evangelia sancta juret ; Greg. de Tours, *H. des Fran* L. 3, ch. 14, S. d'Aregisile : positis super altarium sanctum manib juravit ; L. 5, ch. 3, S. de Rauching : posuit manus suas super alt cum juramento ; L. 9, ch. 20, *Traité de Gontran et de Childebert*, J rant per Dei omnipotentis nomen et inseparabilem trinitatem, vel divi omnia, ac tremendum diem judicii.

(1) Ces impressions se dégagent, avec une force que nous ne pouvo rendre, de la lecture de Grégoire de Tours.

tien peut employer (1). Chaque contrée a son saint; on jure sur ses reliques et pas autrement. On ne se croirait pas obligé par un serment prêté sur les reliques d'un autre saint : c'est un inconnu (2). Et ces superstitions locales survécurent même à la période de reconstitution du royaume. Le relèvement intellectuel et moral des individus fut plus lent que celui du pouvoir royal. N'est-ce pas ce que montre l'anecdote que nous rapporte Commines sur Louis XI (3). Dans l'esprit de ce grand monarque s'agitaient sans cesse la pensée des ruses perfides et la crainte superstitieuse. Il voudrait mettre la main sur le connétable de St-Paul et le châtier de ses méfaits : pour l'attirer à lui, il lui promet avec tous les serments du monde de respecter sa personne, bien décidé au fond à n'en rien faire. Mais le connétable connaît son homme. « Jurez-moi, répond-il, sur la croix de St-Lô (4). » Le roi refusa, offrant tout autre serment, et « plus il s'en excusait, plus le connétable le pressait ». Louis XI eût religieusement respecté un serment fait sur la croix de St-Lô, il eût violé tout autre sans le moindre scrupule.

(1) « Les païens convertis ne pouvaient se prêter à une telle simplicité » (Renan, *Origines du Christian*, t. 7, ch. 34). Nous appliquons aux formules de serment en particulier ce que l'illustre philosophe dit de la doctrine chrétienne en général).

(2) Grégoire de Tours, *Miracles de St Julien*, ch. 39 : « C'est à Joué en Touraine que se trouvent les reliques de St-Julien célèbre pour la punition des parjures. Quand il se produit un parjure la vengeance divine poursuit tellement le coupable qu'aussitôt une suite de désastres, la perte de ses proches, une maladie de consomption, en sont les preuves manifestes : le martyr ne permet pas en effet que le parjure demeure sans châtiment. Aussi dans ce lieu la rudesse brutale des barbares n'ose pas se parjurer aussi facilement qu'ailleurs. »

(3) L. 4, ch. 6.

(4) L'Eglise de St-Lô ou St-Loup à Angers contenait, croyait-on, un morceau de la vraie croix de Jésus-Christ.

Les formules vont se multipliant. Outre les saints Evangiles et les reliques de tel ou tel saint, on jure sur la sainte Eucharistie, sur le sacrement de l'Autel, sur le corps de Notre-Seigneur Jésus-Christ, sur le canon de la messe qu'on appelait le *te igitur*, sur le bras de St-Antoine surtout au Midi, sur un morceau de la vraie croix. La main continuait du reste à jouer un rôle dans le rite du serment. Le serment féodal né à cette époque était prêté par le vassal, en mettant ses mains dans celles du suzerain : symbole d'engagement et de soumission. L'expression : prêter serment entre les mains, a subsisté jusqu'à nos jours et atteste la force de cet usage. Cf. Chassan, *Essai sur la symbolique du Droit*, 1847, p. 117-118, 236-237.

Il faut atteindre le relèvement intellectuel et moral qui marqua la fin du moyen âge, la Renaissance et la Réforme, pour voir naître une évolution définitive vers la simplification des formules. Quand les superstitions grossières se sont effacées et ont laissé place nette à un ensemble de dogmes religieux, élevés et précis, comment accorder sérieusement une foi spéciale à une invocation sur un prétendu morceau de la vraie Croix (1) ?

On fait généralement dériver cette réaction des ordonnances de 1543, article 26, et de 1584, article 40, qui prohibent de prêter serment sur le pain, le vin ou le sel. C'est l'avis de Boucheul, mais ce n'est pas le nôtre. Ces ordonnances prohibent un serment considéré comme illicite. Les gens de mer

(1) C'est ce que développe Despeisses, t. 2, a. 3.

« Ces formes extraordinaires apportent plus de terreur et d'épouvante que de piété et font présumer que la foi de celui qui doit jurer de cette sorte est fort suspecte, parce que les formes ordinaires des serments ne sont pas jugées capables de tirer de lui la vérité. Le serment fait la main levée à Dieu... surpasse en vertu et respect toutes autres formes de serment, quelques clauses qu'elles puissent contenir. »

juraient souvent entre eux, avant de courir sus à l'ennemi, de partager les prises sans prévenir la justice et ce pour frustrer le Roi de la part de butin qui lui revenait. Les ordonnances y mettent bon ordre en proscrivant ce serment, mais elles n'attachent aucune importance à la formule.

L'évolution se manifeste seulement dans la jurisprudence des Parlements à la fin du XVIe siècle. Un arrêt du Parlement de Paris du 28 mars 1585 décide qu'on ne peut exiger le serment sur le *te igitur*, sur le bras de St-Antoine etc., ou en la face de l'Eglise devant le prêtre revêtu de ses habits sacerdotaux, les torches allumées (1). Des arrêts du 12 novembre 1629, du 6 juillet 1632 donnent la même solution pour le serment sur le corps de Jésus-Christ. L'évolution fut plus lente dans certains Parlements du Midi ; un arrêt de la Cour des comptes de Montpellier du 19 juillet 1638 décide qu'un collecteur des tailles ne peut être tenu de jurer sur le bras de St-Antoine, mais lui enjoint de le faire dans l'Eglise et sur le *te igitur* (2).

Mais, au XVIIe siècle, on peut dire qu'il n'y a plus dans l'usage que deux formules, l'une sur les saints Evangiles, l'autre *in præsentia corporis Christi*, dite encore *in forma augustissima* et qui ne pouvait être exigée que dans les cas les plus graves (3).

L'usage de jurer à l'Eglise disparut également.

Puis il n'y eut plus qu'une formule unique, la main placée sur l'Evangile : aussi est-ce le livre de doctrine, de vérité et le livre de vie, dit La Roche-Flavin (4).

(1) Robert, *Rer. judic.*, liv. I, ch. 11 : « senatus insolitas illas ceremonias tanquam superstitiosas et abusivas rejecit. »

(2) Despeisses, t. 2, art. 3, n° 8.

(3) Nous faisons ici abstraction des formules spéciales aux protestants et aux prêtres.

(4) *Treize livres des Parlements*, liv. 5, ch. 13, p. 329.

On trouve pour la première fois l'action de lever la main comme forme générale de prestation de serment, sans distinction entre protestants et catholiques, dans le *Très Parfait praticien français* de Desmaisons, publié en 1663 (1), ce qui implique que le serment n'était pas prêté sur l'Evangile. A la fin du XVIIIe siècle, ce dernier usage n'existait plus, car Despeisses dit bien : « celui qui doit jurer doit en jurant mettre les mains sur les saints Evangiles », mais l'annotateur Rousseaud de Lacombe ajoute : l'usage est seulement de faire lever la main (2).

Cette dernière forme avait été donnée aux protestants par les édits de mai 1576, article 12, de 1577, article 17, d'avril 1598, article 24.

Les prêtres, qui, au moins depuis Honorius III, étaient sans conteste soumis au serment comme les laïcs, juraient par les saints ordres la main sur le pect, c'est-à-dire sur la poitrine (*pectus*) (3). Il n'est guère facile de donner la raison de cette différence avec les laïcs. Le concile de Tibur leur défend de lever la main : *ne manus per quam corpus et sanguis Christi conficitur, juramento polluatur* ; mais cette raison ne serait-elle pas aussi vraie pour un laïc. D'autres y ont vu une « distinction belle et touchante qui veut dire que le cœur de tout prêtre doit être un exemplaire de l'Evangile » (4). Cette explication est ingénieuse et poétique, mais nous préférons nous en tenir à celle que donne Ayrault « on a voulu mettre quelque différence entre le clerc et le laïc ».

(1) Livre 2, p. 32.

(2) Despeisses, *Operæ*, t. 2, art. 3, n° 4. Edit. Rousseaud de Lacombe, 1750.

(3) Ferrière, Boucheul, V° *Serment*.

(4) Victor Hugo, *Le Rhin*, lettre 25e.

En définitive ce qui n'a été contesté à aucun moment, ni par personne dans l'ancien droit français, c'est le caractère religieux du serment. Charondas (1) le définit « une affirmation religieuse qui se fait au nom de Dieu, vrai témoin et juge du serment qu'on fait » ; Domat (2) « un acte religieux où celui qui jure prend Dieu pour témoin etc. » ; Ferrière « l'affirmation par laquelle on prend Dieu à témoin qu'on dira la vérité » ; Denisart « une affirmation faite avec imprécation, c'est-à-dire qu'en prenant Dieu à témoin, etc. »; La Roche-Flavin (3) « comme chacun sait, c'est une affirmation religieuse par laquelle etc. » ; Pothier (4), « c'est un acte religieux par lequel une personne, etc. ».

Du reste le mot affirmation était souvent pris comme synonyme de serment, c'est-à-dire d'affirmation religieuse. C'est ainsi que la plupart des dictionnaires et des répertoires de jurisprudence traitent du serment plutôt au mot Affirmation qu'au mot Serment.

Le droit intermédiaire s'est comporté d'une façon curieuse vis-à-vis du serment. Pendant qu'il multipliait les serments civiques, politiques, professionnels, exigés des citoyens et de chaque classe de fonctionnaires, il le remplaçait en matière criminelle par une affirmation, et non pas au sens de l'ancien droit, mais par une affirmation purement civile : innovation capitale.

Ainsi dans le Code des délits et des peines du 3 brumaire an IV, le mot promesse remplace partout le mot serment (5). De plus les trois projets de Code civil, préparés

(1) *Pandectes*, l. 4, ch. 31.

(2) *Lois civiles*, l. 3, tit. 6, § 6, *Du serment*.

(3) *Treize livres des parlements*, liv. 5, ch. 3.

(4) *Obligations*, n° 103.

(5) Ainsi l'article 185 pour les témoins (Cf. art. 155, C. I. cr.), l'article 343, pour les jurés (Cf. art. 312, I. cr.), l'article 413 pour la dé-

par Cambacérès, supprimaient purement et simplement le serment. Quant à celui qui devait aboutir au Code de 1804, il consacrait l'affirmation judiciaire à la place du serment.

Dans la séance du Conseil d'Etat du 2 frimaire an XII (24 novembre 1803), M. Miot exprima qu'il serait convenable de rétablir le mot serment « qui est plus respectable » et qu'on avait déjà employé dans d'autres articles (1). M. Regnaud de St-Jean d'Angély ajouta qu'en effet dans l'usage, les mots fausse affirmation et faux serment ne présentaient pas la même idée. Le Conseil d'Etat fut du même avis, et voilà comment le serment se trouve dans notre Code civil. Les motifs de la modification sont donc peu précis ; cependant en quoi le mot serment est-il plus respectable, plus expressif, sinon en ce qu'il marque le caractère religieux, sans prêter à un double sens comme le mot affirmation ? Favard disait dans son rapport au Tribunat : « le juge en déférant le serment aura fait tout ce qu'il aura pu en appelant la religion au secours de la justice (2) ». C'est par suite d'une pure inadvertance que le mot affirmation subsista dans l'article 1781 (3) et les Codes postérieurs consacrèrent également le serment (4). En dé-

claration du jury (Cf. art. 348, I. cr.), l'article 368 pour l'interprète (Cf. art 332, I. cr.).

Avant le Code de l'an IV, le décret des 16-29 septembre 1791 reconnaissait encore le serment. Ainsi pour les jurés (Tit. I, art. 18, tit. 6, art. 24), pour les témoins (Tit. 7, art. 3), pour les conseils de l'accusé (Tit. 7, art. 13).

(1) Ex. article 218 du projet correspondant à l'article 1329 du Code civil.

(2) Locré, t. XII, p. 541.

(3) Abrogé par la loi du 2 août 1868.

(4) Cependant dans quelques cas nos Codes se sont contentés d'affirmations pures et simples : ainsi pour l'affirmation des créances en cas de faillite (art. 497, C. com., Bravard-Veyrières. *Droit commerc.,* t. 5,

finitive notre Code civil a entendu conserver le caractère traditionnel de l'institution. Il a même poussé le respect de la tradition jusqu'à s'en rapporter à elle-même dans la plupart des cas pour la forme et la formule. Celle-ci, comme dans le dernier état de l'ancien droit, consiste presque toujours dans les seuls mots : je le jure, prononcés debout, découvert, la main droite levée. L'admission d'une formule simple, qui pût s'adapter aux diverses confessions religieuses, s'imposait d'autant mieux que désormais il n'y avait plus de religion d'État, que trois cultes étaient reconnus et admis sur le pied d'égalité en France, et que même les autres étaient respectés (1).

Il ne faut donc pas arguer de la simplicité de la formule pour prétendre que le serment n'a plus nécessairement un caractère religieux.

Enfin notre doctrine est confirmée par des textes qui nous expliquent dans des cas particuliers ce qu'il faut entendre par les mots : je le jure. Il résulte de l'article 312 du Code d'instruction criminelle, relatif au serment des jurés, que ces mots sont la réponse au discours du président : vous jurez et promettez *devant Dieu* et devant les hommes, etc. De même quand le chef du jury donne le résultat de la délibération du jury, l'article 348 du même Code exige qu'il commence ainsi : « sur mon honneur et sur ma conscience *devant Dieu* et devant les hommes ». Or comment admettre que le serment des jurés est religieux et que tout autre ne l'est pas ? Quand le législateur

p. 356 ; Garsonnet, *Traité de Procédure*, t. 2, § 719, note 5), ou dans la procédure de contribution (art. 671, C. proc. civ.).

(1) Cependant notre formule a donné lieu, nous le verrons, à bien des difficultés.

a-t-il manifesté la pensée d'une distinction aussi déraisonnable ?

En résumé tout concourt à proclamer l'existence en droit positif actuel du caractère essentiellement religieux du serment, la tradition historique constante d'où dérivent les principes de notre droit moderne, les travaux préparatoires et l'essai infructueux tenté dans le projet du Code d'instruction criminelle qu'il n'y a aucune raison d'interpréter restrictivement.

Notre doctrine a d'ailleurs toujours été consacrée par la jurisprudence (1). On peut dire qu'elle a été implicitement reconnue en 1840 par la Chambre des Pairs, lorsqu'elle repoussa la pétition qui lui avait été adressée dans le but de renforcer la solennité du serment. Les paroles suivantes de M. Tascher le rapporteur ne soulevèrent en effet aucune contradiction : « le serment constitue à lui seul une religion... il tire sa valeur de la divinité invoquée, il reçoit sa sainteté de l'intervention du Dieu de vérité, appelé comme témoin de l'engagement pris et comme juge de la fidélité à le remplir (2). »

Enfin cette doctrine est encore celle de la plupart des au-

(1) V. notamment Rapport du conseiller Lasagni, D. 46.1.104 : « Le serment est le plus religieux et le plus redoutable de tous les actes. Il affermit la sincérité de ce qu'on affirme d'une manière surnaturelle, surhumaine et, permettez-moi de le dire, presque divine » ; 1er arrêt du 20 mai 1882, D. 82.1.388, S. 84.1.41. Rapport du conseiller de La Rouverade (conclusions contraires de l'avocat général Tappie) : « l'élément religieux étant de l'essence même du serment, il n'est pas possible d'admettre en l'état actuel de la législation que cet élément essentiel soit éliminé de la formule du serment promissoire ou affirmatif, notamment de celle de l'article 312, I. cr. » ; 13 février 1886, S. 86.1.235 ; rejet Crim., 7 juillet 1892, S. 92.1.428.

(2) Séance du 27 février. V. au *Moniteur*.

teurs (1) ; les dissidents sont peu nombreux (2), et il est facile de se rendre compte en les lisant qu'ils confondent sans cesse la question d'interprétation avec celle de législation, comme si nos désirs suffisaient à changer la réalité des choses.

Ils disent bien que le serment tire son caractère des croyances du prestataire : qu'il est religieux si le prestataire croit, qu'il ne l'est plus, si le prestataire est athée.

Sans reproduire les arguments déjà fournis plus haut, il semble bien qu'on peut répondre d'un mot à ce raisonnement.

D'abord il conduit à une distinction non seulement bizarre, mais encore arbitraire, dénuée de toute base légale et juridique.

Et puis il est tout à fait inexact de faire varier le caractère du serment suivant les croyances du prestataire ; on doit le rechercher dans la nature intrinsèque et constante de l'institution : autrement on confond l'outil avec l'ou-

(1) MM. Aubry et Rau disent même : « Le serment considéré comme une simple déclaration civile serait un non-sens » (4e édit., n° 752 et note 1).

(2) Laurent, Garsonnet, 1re édition, *Adde*, certains orateurs de la Chambre et du Sénat, au cours des discussions de 1882-1883, par exemple M. Devès, garde des sceaux, Sénat, *Déb. Parlem.*, 1882, p. 1112.

Dans ce système, on reconnaît que le serment des jurés est nécessairement religieux. D'autres auteurs, tout en reconnaissant au serment son caractère religieux, nient qu'en droit actuel, il contienne une imprécation : ainsi Baudry-Lacantinerie, Constant Le Gentil. C'est une inconséquence à nos yeux, car dès qu'on admet le caractère religieux, dès qu'on invoque Dieu, comment admettre qu'on l'invoque à l'appui d'une fausseté, autrement dit qu'on l'insulte, qu'on le rende complice de sa mauvaise foi, sans qu'un tel acte reçoive son châtiment. Hâtons-nous d'ajouter que la question, très agitée entre les canonistes, ne semble pas présenter d'intérêt juridique.

vrier. Enfin dans ce système ne devrait-on pas dire, conséquence inadmissible, que l'athée qui fait un faux serment n'est pas punissable ?

Nous ne nions pas qu'en fait, (nous l'admettons au contraire dans notre partie critique) le serment en l'état actuel des esprits et des mœurs, trouve sa garantie de sincérité bien plus dans l'amour propre, dans la crainte de l'opinion publique que dans les sentiments religieux du prestataire, et qu'en législation un serment dépourvu de tout caractère religieux, entouré néanmoins d'une certaine publicité, ne mérite encore plus de croyance qu'une déclaration quelconque. Mais cela ne doit point nous influencer quand nous recherchons quelle a été la volonté des législateurs du commencement du siècle et que cette volonté n'est point douteuse.

Et cela n'est point étonnant car il reste encore bien des esprits qui demeurent convaincus que la religion et le serment sont unis par un lien nécessaire et indissoluble. Citons la parole d'un grand moraliste moderne : « Cette formalité est un véritable acte de religion.. un serment est bien autrement sacré qu'une parole d'honneur. Il y a l'infini entre une parole d'honneur et un serment » (1).

DIVISION

On peut diviser l'étude du serment aux divers points de vue suivants :

1° Point de vue de la source ;

On distingue le serment conventionnel, le serment légal (serment décisoire, serments professionnels, serment des jurés, témoins, experts, interprètes, usufruitier).

Le serment judiciaire (serment supplétoire).

(1) Jules Simon, *Le Devoir*, 4e partie, ch. 4.

2° Point de vue de la procédure :

On distingue le serment judiciaire (serment décisoire, serment supplétoire, serment des jurés, témoins, experts, interprètes).

Et le serment extrajudiciaire (serments professionnels, serment de l'usufruitier, serment conventionnel) ; suivant que le serment se présente ou non dans un litige.

3° Point de vue de l'objet du serment :

On distingue le serment promissoire (serments professionnels, serments des jurés, témoins, experts, interprètes, serment de l'usufruitier) (1).

Et le serment affirmatif (serment décisoire, serment supplétoire, serment conventionnel), suivant que l'objet du serment est un fait à venir qu'il s'agit de faire arriver ou un fait passé mais dont l'existence est incertaine et qu'il s'agit de prouver.

C'est cette division que nous adopterons dans notre étude, parce qu'elle est la plus importante. En effet le serment promissoire nous apparaît avec le caractère d'une solennité ajoutée à une obligation pour en garantir l'exécution ; le serment affirmatif au contraire joue son rôle dans la théorie des preuves.

En outre dans le serment promissoire malgré la ferme volonté du prestataire d'exécuter sa promesse, bien des événements inattendus peuvent en empêcher la réalisation ; tandis que dans le serment affirmatif la violation du serment est bien plus grave puisqu'il n'y avait qu'à dire la vérité sur un fait qu'on connaissait ; aussi le faux serment reste-t-il impuni au premier cas, tandis qu'au second il est réprimé par l'article 366 du Code pénal.

(1) Quant au serment promissoire conventionnel il n'a aucun effet juridique dans notre droit actuel.

CHAPITRE II

DU SERMENT PROMISSOIRE.

Le serment promissoire est un engagement contracté sous serment et ainsi fortifié d'une garantie religieuse d'exécution, résidant dans la foi du promettant, dans sa crainte des châtiments divins et aussi de la peine que la loi civile inflige au parjure. Mais ce n'est pas à proprement parler une sûreté personnelle. Le créancier n'acquiert ni un nouveau débiteur, ni même un droit nouveau contre son débiteur, nous trouvons donc juridiquement inexacte l'expression de caution juratoire employée par l'article 603 du Code civil. Notre chapitre n'est pas pour cela dépourvu de tout intérêt juridique. Le serment conventionnel n'en présente plus depuis fort longtemps, mais le serment légal a subsisté dans bien des cas. Souvent la loi veut qu'une personne prenne un engagement sous la foi du serment, et à défaut d'un tel engagement elle retire la nomination à une fonction qu'elle n'accordait que sous cette condition, ou elle réprime pénalement cette désobéissance.

Le serment promissoire est donc légal ou conventionnel, et il garantit une obligation soit de droit public, soit de droit privé. En ce qui touche les obligations de droit public, distinguons :

Le serment des fonctionnaires publics, officiers ministériels et autres ;

Le serment des jurés, témoins, experts et interprètes ;

Le serment de la partie interrogée sur faits et articles ;

Le serment politique ou de fidélité au gouvernement établi ;

Le serment que font deux Etats qui concluent un traité.

Tous sauf ce dernier sont légaux.

En droit privé, le serment promissoire est également légal ou conventionnel. Le champ d'application de ce dernier est celui que la loi donne à toute convention.

Nous parlerons immédiatement et pour mémoire des applications qui n'existent plus dans notre droit actuel, et qui n'offrent ainsi qu'un intérêt historique.

C'est d'abord le serment politique, que les gouvernements ont souvent exigé dans l'intérêt de leur propre sauvegarde. Il a paru naturel de le faire prêter avant tous autres aux fonctionnaires, qui détiennent une part de la puissance publique (1).

Mais on est parfois allé jusqu'à l'exiger de tous les citoyens. C'est que, dans une république, où tout dérive du suffrage populaire, le gouvernement a tout à redouter de la volonté des citoyens. Il a donc un intérêt vital à s'assurer leur fidélité par tous les moyens possibles et en particulier par la foi du serment, qui prend alors la dénomination particulière de serment civique. L'Ancien Testament nous montre qu'il était pratiqué, au moins dans des circonstances graves, chez les Hébreux dont le gouvernement était cependant monarchique (2).

(1) Il était du reste confondu avec le serment professionnel, dont nous parlerons plus loin, dans une formule unique.

(2) Serment de fidélité des anciens à David sacré roi d'Israël (*Sam.*, 2e liv., ch. 5, v. 3). Serment des soldats et du peuple à Joas, le petit-fils d'Athalie (*Rois*, 2e liv., ch. 11, v. 7 et 17).

Tout jeune athénien au moment de son inscription sur le registre des citoyens devait prêter le serment civique, dont Stobbée nous a conservé la formule (1). Les soldats romains juraient fidélité à l'empereur et dévouement à sa personne (2) et quelquefois les habitants des colonies en faisaient autant (3). Nos rois de France dès les premières races s'empressèrent de continuer cette tradition (4). Mais pendant le siècle qui a suivi la Révolution de 1789 nous assistons à une véritable débauche de serments politiques. Constitutions, lois, décrets, arrêtés consulaires, sénatus-consultes, ordonnances se succèdent pour exiger de toutes les catégories de fonctionnaires et même de tous les citoyens, des serments de fidélité à la nation, à la loi et au Roi, de haine à la royauté, de fidélité à la République et à la Constitution, d'obéissance aux constitutions de l'Empire et de fidélité à l'Empereur, de fidélité au Roi, d'obéissance à la Constitution et de fidélité à l'Empereur, etc. Talleyrand jurant entre les mains de Louis-Philippe lui disait : « Sire, c'est mon 17e serment ». Or il ne semble pas que tous ces serments aient réussi à retarder la chute des divers gouvernements qui se sont succédé. C'est donc très sagement que le décret du 5 septembre 1870, en sup-

(1) Stobbée, *Collection Teubner*, t. 2, p. 82.

(2) Arrien, 3. 14 : « Mercede accepta jurant rebus omnibus se prœpo-situros salutem Cæsaris ». Tacite, *Hist.*, 1.76 : serment des Légions à Othon. Végèce, *De re militari*, 2.5, nous rapporte la formule : « Je jure de faire de bon cœur tout ce que l'empereur me commandera, de ne jamais déserter et de sacrifier ma vie pour l'empire romain. »

(3) Ex. Serment des habitants d'Aritium (auj. Alvéga près d'Abrantès, Portugal) prêté à C. Cæs. Germanicus en 37 de l'ère chrétienne (Mommsen, C.I.L, vol. 2, p. 22 : « Ego iis inimicus ero quos Caii Cæsaris Germanici inimico esse cognovero », etc.).

(4) Marculfe, I.18 (de Rozière, *Formule* 8). Hincmar, *Opera*, édit. Sirmond, 1545.

primant le serment politique, a débarrassé la législation de textes nombreux, mal observés et inutiles.

Depuis plusieurs siècles on ne trouve plus dans les traités des Etats les serments que les peuples anciens (1) et même nos anciens rois de France y inséraient si souvent. L'observation exacte des traités en raison de leur complexité et du changement incessant des circonstances économiques et politiques est assez problématique, même quand on a la volonté d'y être fidèle. Auprès de ces données, la force du serment ne compte guère. L'expérience a donc appris qu'il était bien inutile de prêter un serment qui ne pouvait qu'être une occasion de parjure.

Nous ne voulons également que mentionner le serment exigé de la partie en matière d'interrogatoire sur faits et articles. Pour en faire l'étude, il faudrait le rapprocher d'un autre serment de procédure, le serment de calomnie, dont nous dirons un mot à propos du serment affirmatif.

D'après l'ordonnance de mars 1498, article 16, après le serment affirmatif du demandeur « qu'il croit le contenu de sa demande véritable », le défendeur répondait à chacun des articles de la demande par une série de dénégations correspondantes, faites sous serment et qu'on appelait réponse de *credit vel non credit*. Elles furent supprimées par l'ordonnance d'août 1539, article 36, et remplacées par l'interrogatoire sur faits et articles facultatif pour les parties (art. 37).

Enfin les ordonnances de 1667 (tit. 10, art. 7) et de 1670 (tit. 14, art. 7) fixèrent avant tout interrogatoire le serment

(1) Nous en avons déjà vu des exemples dans le chapitre 1er. *Adde* Pausanias, 4.15.8, Tite-Live, 1.24. Chez les Romains la formule était prononcée par le chef du collège des Féciaux, *Pater Patratus*, d'où l'expression *patrare jusjurandum*.

en matière civile et criminelle. C'était un serment promissoire de dire la vérité sur soi-même, tout à fait comparable à celui des témoins.

Vivement combattu par Julius Clarus au XVIe siècle, le président de Lamoignon au XVIIe et les philosophes du XVIIIe, le serment de l'interrogé fut aboli en matière criminelle par le décret des 8-9 octobre 1789, article 12, et en matière civile par le Code de procédure. La liberté de la défense était gênée par la crainte de commettre un parjure et si cette crainte n'existait pas le serment ne servait qu'à provoquer un parjure (1).

Il y avait en outre contradiction et injustice à demander à l'interrogé un gage de sa sincérité pour lui faire avouer des faits contraires à ses intérêts, sans admettre par voie de réciprocité que ses déclarations fissent foi en sa faveur (2).

Quant au serment conventionnel de droit privé, les Romains lui reconnaissaient une valeur juridique particulière, puisque, en dehors même du *jusjurandum liberti* sanctionné par une action civile, le préteur qui ne sanctionnait les

(1) Clarus disait : « Mihi certe hæc practica nunquam placuit, quia est manifesta occasio perjurii. »

Et Lamoignon : « Ceux qui sont interrogés consultent bien moins leur conscience que le palais sur ce qu'ils ont à dire, et l'on a pas ouï dire qu'un homme, bien préparé sur ce qu'il doit répondre, ait jamais perdu son procès par sa bouche. C'est bien souvent l'occasion d'un parjure prémédité qu'il serait bien meilleur de retrancher » (Conférence sur l'ordonnance de 1667, p. 153 et 159, Esmein, *Hist. de la procédure criminelle*, p. 229 et 230).

Enfin Beccaria (*Des délits et des peines*, § 11) : « Comme si l'homme pouvait jurer de bonne foi qu'il va contribuer à sa propre destruction !.. Que l'on consulte l'expérience, on reconnaîtra que les serments sont inutiles, puisqu'il n'y a point de juge qui ne convienne que jamais le serment n'a fait dire la vérité à un coupable. »

(2) V. Pothier, *Obligations*, n° 919.

pactes ordinaires que par une exception, accordait pour le pacte de serment promissoire une action *in factum*.

Mais il est surtout intéressant dans notre ancien droit français.

L'histoire du serment promissoire n'est alors que celle de la domination de l'Eglise et de la compétence de ses tribunaux, qui était l'instrument essentiel de cette domination. Grâce au caractère religieux du serment, l'Eglise sut se faire attribuer assez facilement la compétence de toute espèce de serment promissoire. Mais cela ne lui suffisait pas. Dotée en droit de cette compétence, il fallait en fait développer le plus possible la pratique du serment qui y donnait naissance. Dans ce but elle tenta bien de poser en principe qu'un contrat ne pourrait valoir s'il n'était revêtu de la forme du serment, mais cette audacieuse proposition fut repoussée (1). Elle chercha alors et elle réussit à faire admettre sa conception canonique du serment, c'est-à-dire à donner au pacte de serment une valeur, des effets juridiques qu'une convention ordinaire eût été impuissante à produire, de façon à fournir aux particuliers une raison utile de multiplier ces serments dans leurs conventions (2).

Ainsi, dans la conception canonique, le serment promissoire comme la stipulation romaine, est valable indépendamment de toute cause ou plutôt il a sa cause en lui-même.

La capacité exigée est moindre que pour les autres con-

(1) Beaumanoir, 34.2 : « toutes conventions sont à tenir.. etc. » *Adde*, Beaumanoir, 37.8 ; de Fontaines, 15.22 ; Jostice et Plet, 1.2.7.

(2) On sait d'ailleurs que les notaires qui étaient gens d'église, contribuaient largement à augmenter le chiffre de ces affaires en insérant dans les actes qu'ils dressaient, des clauses de serments que les parties n'avaient jamais prêtés (Pothier, *Obligations*, n° 104 ; *Donations*, l. 3, tit. 6, sect. 6).

trats : les pubères mineurs de 25 ans par exemple étaient capables.

L'erreur et le dol annulent le serment, mais non la violence.

En ce qui touche l'objet, seul l'objet contraire à l'ordre public et aux bonnes mœurs était repoussé, et encore n'y comprenait-on que les *boni mores naturales* par opposition aux *boni mores civiles* qui étaient indifférentes, et quant à l'ordre public on ne tenait compte que des prohibitions qui y trouvaient leur base principale. Celles qui n'étaient d'ordre public que d'une façon secondaire ne comptaient pas : telles les prohibitions d'aliéner le fonds dotal, du pacte commissoire dans le gage et l'hypothèque, des donations entre époux, des renonciations à succession future, des promesses d'intérêts, etc.

En outre l'obligation née du serment était imprescriptible et intransmissible aux héritiers passivement.

Vis-à-vis d'une obligation déjà née, le serment lui donnait si elle était valable quelques qualités nouvelles : le bénéfice de la compétence ecclésiastique, l'exigibilité en nature, la non-extinction par voie de compensation, l'imprescriptibilité, et si elle était nulle, en opérait novation et la rendait valable au moins dans certains cas de nullité, sur lesquels du reste on ne s'entendait pas (1).

Sous l'empire du droit canon, la théorie du serment promissoire avait donc la plus grande importance juridique.

Mais quand la compétence ecclésiastique, à la suite

(1) Les renseignements qui précèdent sont tirés des deux brochures de M. Esmein : *Etude sur les contrats dans le très ancien droit français,* et surtout : *Le serment promissoire dans le droit canonique.*

d'une longue évolution, eut disparu, la théorie canonique du serment fut logiquement entraînée avec elle (1).

Et Pothier en parlait déjà comme d'un lointain passé pour nous démontrer l'inutilité juridique du serment promissoire en droit privé. Si en effet ce contrat est valable, le serment est superflu ; il n'ajoute rien à l'action du créancier. S'il est nul, le serment ne saurait le vivifier, car ce n'est qu'un accessoire de l'engagement, et puis ce serait un moyen trop facile d'éluder la prévoyance de la loi qui régit les contrats (2). Ajoutons que s'il intervient après coup, il peut à vrai dire valider la convention annulable, mais ce n'est pas en tant que serment, c'est comme acte confirmatoire ordinaire. En somme le serment promissoire, prêté soit en contractant une obligation civile, soit après la naissance de cette obligation pour en promettre l'exécution, n'a aucun effet juridique (3).

Nous avons ainsi circonscrit les applications qui subsistent en droit actuel et qu'il faut maintenant étudier dans le détail.

Ce sont les serments professionnels des fonctionnaires, officiers ministériels et avocats, les serments des jurés, témoins, experts et interprètes, enfin le serment de l'usufruitier. On peut remarquer que tous sont exigés par la loi, c'est-à-dire que dans tous ces cas la loi exige un engage-

(1) M. Esmein montre cependant qu'elle laissa quelques traces définitives dans la législation civile. Ainsi pour les renonciations à succession future, et les renonciations des femmes à invoquer la nullité du Velléien. Nulles primitivement, ces renonciations sont valables par serment en droit canon, puis indépendamment de tout serment, et cela même en droit civil (*Edit des femmes* d'août 1606).

(2) *Obligations,* n° 105.

(3) A. et R., t. 4, § 417 ; Massé et Vergé sur Zachariæ, § 763, note 3 ; *Adde*, Bonnier, Toullier, etc.

ment contracté sous la forme d'un serment. La solennité est requise à peine d'inexistence de l'engagement.

SECTION I. — Serments professionnels.

C'est pour assurer le bon fonctionnement des services publics et en particulier la bonne administration de la justice, que notre droit public moderne exige un engagement des fonctionnaires et de leurs auxiliaires permanents, tels que les avocats et les officiers ministériels. Mais pourquoi cet engagement doit-il revêtir la solennité du serment? La solennité frappe l'imagination du prestataire, elle attire son attention sur l'importance de l'engagement, elle l'empêche d'en perdre le souvenir. Elle produit un effet analogue sur le public ; elle lui inspire un sentiment de respect et d'obéissance pour le fonctionnaire ou officier public qui va exercer la puissance publique, un sentiment de confiance et de sécurité vis-à-vis de l'avocat ou de l'officier ministériel auxquels il aura recours. « Quelle que soit la disposition actuelle des esprits à repousser toute vaine cérémonie, disait déjà M. Vivien, l'appareil de la réception de certaines fonctions contribue à les rehausser. La simplicité des mœurs n'exclut pas la dignité des situations. »

Enfin le serment accroît l'éclat de cette solennité, et ajoute un lien religieux à ceux que la conscience impose.

D'ordinaire on reproduit, pour expliquer la raison d'être du serment professionnel, la formule de Loyseau (1) : c'est le serment « qui attribue et accomplit en l'officier, l'ordre, le grade et s'il faut ainsi parler le caractère de son office,

(1) *Traité des offices*, 1.4.71.

et qui lui défère la puissance publique » (1). Ce langage est assez obscur. Nous pensons qu'il trouverait tout son sens si on le plaçait à l'époque où les fonctions publiques étaient inféodées et constituaient des seigneuries. Le serment de fidélité était la formalité essentielle d'investiture de tout fief. La fonction publique, propriété privée, se transmettait bien comme telle de plein droit aux héritiers ; mais à chaque transmission le caractère personnel des obligations dérivées du contrat féodal exigeait un nouveau serment de fidélité comme une investiture nouvelle. Mais quand la royauté eut recouvré la plénitude de la puissance publique, qu'elle devint maîtresse et dispensatrice unique des fonctions, même de celles qui étaient devenues vénales et héréditaires sous le nom d' « offices », nous ne comprenons plus l'idée suivant laquelle le serment donne au fonctionnaire son caractère public. En réalité la puissance publique est conférée par l'acte de nomination. La prestation de serment n'est que la forme de l'acceptation de la fonction et des engagements professionnels qu'elle comporte.

L'exigence du serment pour tous ceux qui prennent part à l'administration de la justice est traditionnelle.

Il en était ainsi à Athènes, notamment pour les héliastes (2), à Rome pour tous les magistrats (3) depuis le con-

(1) D'Aguesseau disait de même : ceux que le roi honore de son choix, ceux même à qui il a donné des provisions pourraient-ils jouir des prérogatives personnelles qui y sont attachées jusqu'à ce qu'ils soient liés par serment à la majesté royale et que par cette solennité, elle leur ait imprimé le sceau de la puissance publique (*Œuvres*, t. 8, p. 160).

(2) « Ils juraient de se conformer aux lois et aux décrets du peuple, et là où la loi serait muette de se décider alors selon l'équité, d'écouter avec une impartialité égale le demandeur et le défendeur, l'accusateur et l'accusé, etc., de faire porter leur décision exclusivement sur les questions qui leur seraient soumises ». Suivait la formule d'imprécation et d'exécration. Cf. Jacomet. *Une audience devant le tribunal des héliastes au temps de Démosthène,* 1895.

(3) Loi latine de Bantia, Girard. *Textes de D. R.,* p. 26 et suiv. ; Tite-

sul jusqu'aux plus humbles magistrats coloniaux, pour les greffiers (1) et pour les avocats (2).

Dans notre ancien droit, les ordonnances de 1256 (3) et de 1302 exigent le serment professionnel des sénéchaux, baillis et officiers royaux; l'ordonnance de juillet 1493 en fait autant pour les présidents, conseillers, avocats, notaires, greffiers, huissiers.

Quelles personnes ont à prêter un serment professionnel.

Aucun texte général ne l'exige de l'ensemble des fonctionnaires ou des officiers ministériels. Nous n'avons que des textes spéciaux qui forment une énumération limitative (4).

Le décret du 22 mars 1852 prescrit le serment des magistrats en général, et le décret du 27 mars 1852 celui des

Live, 31.50 : « magistratum autem plus quinque dies, nisi qui jurasset in leges, non licebat gerere ». *Adde*: Ciceron, *Litteræ ad diversos*, 5.2, *ad Quint. Met. Celer.*; Tite-Live, 29.37 ; Pline, *Panég.*, 64 et 65 ; Cassiodore, 8, Let. 6 ; Cicéron, *Pro Cluentio*, 43 ; Lois de Salpensa et de Malaga ; Girard, *Textes*, p. 98 et suiv. C. 9. 27, *ad leg. Jul. repet.* L. 6 : Theodose, anno 439. Nov. 8, Justinien : pour toute personne quæ acceperit administrationem. Nov. 97, Léon : pour tous magistrats.

(1) *Lex ursonensis*, Mommsen, C. I. L. vol. I, p. 855 ; Girard, *Textes*, p. 82 et s.

(2) C. 3.1 *de Judiciis*, L. 12, Justinien. C. 2.58 *de jurej. propt. cal. dando*, L. 2.

Ils ne prêtaient pas encore serment du temps de Cicéron : Jurati testes hoc dicunt, quod ego injuratus insimulo (*Pro Cæcina*).

(3) « Faire droit à chacun sans exception au pauvre comme au riche.. garder les us et coutumes.. ne prendre ni don, ni or, ni argent, ni autre chose si ce n'est fruit ou vin ou autre présent de quoi la somme de 10 sols ne serait pas surmontée en la semaine ».

(4) En effet la constitution du 14 janvier 1852, article 14 et à sa suite le décret des 8-12 mars 1852 prescrivaient le serment de fidélité de tous les fonctionnaires de l'ordre judiciaire et administratif. Mais c'était là un serment politique que le décret du 5 septembre 1870 a aboli.

magistrats de la Cour des comptes. C'est ce que décidaient déjà le décret du 24 messidor an XII pour les juges de paix, de première instance et d'appel, et l'article 629 du Code de commerce pour les juges des tribunaux de commerce.

Il en est de même des agents des diverses administrations publiques, qui sont chargés de constater des infractions et de rédiger des procès-verbaux qui feront foi en justice : tels sont les commissaires de police (Déc. des 1er-8 juin 1792), les gendarmes (Déc. 1er mars 1854, art. 6), les gardes champêtres et forestiers (art. 16, C. inst. crim., For., art. 5,99,134 ; Déc. 28 sept.-6 oct. 1791, tit. 1, S. 7, art. 5), les gardes particuliers (For., 117, ord. 1er août 1827, art. 150), les gardes-ventes (For., art. 31), les inspecteurs et gardes jurés des pêches maritimes (Déc. 4 juillet 1853, art. 18), les agents des poids et mesures (L. 4 juillet 1837), les agents voyers (Ord. 21 mai 1836, art. 11), les agents des douanes, des contributions directes et indirectes, des octrois, du service sanitaire, des ponts et chaussées, les inspecteurs du travail, des lignes télégraphiques, les commissaires des chemins de fer, les officiers des ports de commerce.

On peut citer encore les employés des postes (Déc. 26-29 août 1790, art. 2), les membres de la Légion d'honneur (L. 29 floréal an X, art. 8), les gouverneurs et sous-gouverneurs de la Banque de France (L., 22 avril 1806, art. 16).

Quant aux ecclésiastiques, ce ne sont pas des fonctionnaires publics puisque aucune autorité temporelle ne leur est départie (1).

Cependant sans remonter à l'ancien droit qui exigeait le serment d'investiture des évêques et archevêques (2),

(1) Berlier, *Exposé des motifs du Code pénal*; Locré, t. 30, p. 250.
(2) Charondas, *Pandectes*, liv. 1, ch. 5.

ni au droit intermédiaire qui leur prescrivait un serment politique à peine de ne pouvoir exercer leurs fonctions, sans compter l'exil et même la déportation à la Guyane (1), le Concordat (2), reconnaissant le droit de surveillance et de protection de l'Etat vis-à-vis de l'Eglise catholique, a soumis les curés et évêques à un serment qui comprend deux parties : le serment d'obéissance et de fidélité qui est abrogé par le décret de 1870, le serment de n'avoir aucune intelligence, de n'assister à aucune ligue, etc., contraire à la tranquillité publique, et de faire connaître au gouvernement ce qui se trame au préjudice de l'Etat. C'est là un serment professionnel que le décret de 1870 a laissé intact et qui cependant est tombé en désuétude (3). D'ailleurs la précaution n'a guère d'intérêt, puisque c'est le gouvernement qui a la nomination des évêques et que celle des curés est soumise à son agrément.

D'autres textes soumettent au serment professionnel les officiers ministériels, qui ont le grave privilège de donner l'authenticité, quelquefois même la force exécutoire, à certains actes. Sans du reste abroger les textes spéciaux (4)

(1) Déc. 26 août 1792 ; Déc. 21-23 avril 1793.

(2) L. 18 germinal an X, articles 6, 18 et 26 ; *Adde*, pour les membres des consistoires israëlites, Déc. 19 octobre 1808.

(3) Voyez les déclarations de M. Dufaure, garde des sceaux, qui montrent que le décret de 1870 a été immédiatement interprété comme déliant les ecclésiastiques de tout serment (*Officiel*, 26 novembre 1876, p. 8706) ; *Adde*, Rapport de M. Paul Collet, président de la section de l'intérieur au Conseil d'Etat, *Officiel*, 29 avril 1883, p 2130.

(4) Ainsi pour les avoués et avocats, L. 22 ventôse an XII ; pour les notaires, L. 25 ventôse an XI, article 47 ; pour les commissaires-priseurs, L. 27 ventôse an IX, article 9 ; pour les huissiers, déc. 14 juin 1813, article 47 ; pour les chanceliers des missions diplomatiques et des consulats, souvent appelés à jouer le rôle de notaires (Ord. 20 août 1833, art. 21).

à chaque classe d'officiers ministériels, le décret du 5 avril 1852 exige le serment professionnel des greffiers, commis-greffiers, avocats au Conseil d'Etat, avoués, notaires, commissaires-priseurs, huissiers. Les agents de change y sont également soumis en vertu du décret du 7 octobre 1890, article 5.

La même garantie est enfin requise des avocats qui ont le monopole de la parole au nom d'autrui devant les tribunaux (Ord. 20 novembre 1822, art. 38).

Enfin il y a même des professions qui sont absolument libres mais dont l'importance est telle, par exemple au point de vue de la santé, de la moralité ou de la tranquillité publique, que la loi impose à ceux qui veulent s'y livrer un serment préalable : tels sont les pharmaciens (1), les courtiers de marchandises inscrits au tribunal de commerce (2), jusqu'au décret du 10 septembre 1870 les imprimeurs (3).

Question. — Soumettra-t-on aussi au serment professionnel les personnes qui dans des circonstances exceptionnelles sont appelées à exercer une des fonctions dont nous venons de parler momentanément et sans en faire profession ?

La réponse ne paraît pas douteuse au point de vue rationnel. Comment la garantie qu'on croit devoir exiger

(1) L. 21 germinal an XI.

(2) L. 18 juilet 1866, article 2.

(3) Les Romains exigeaient des gens qui exerçaient certaines professions réputées utiles, l'engagement sous serment d'y persévérer. C'est seulement Justinien qui mit un terme à un acte d'une immoralité aussi révoltante (nov. 51).

A la Faculté de Montpellier, les étudiants en médecine reçus docteurs prêtent un serment professionnel dont M. Antonini rapporte la formule (*Du serment*, 1878, p. 328).

pour une série d'actes qui constitue l'exercice de la profession et pour des personnes que le gouvernement a soigneusement choisies, ne le serait-elle pas pour un acte, isolé il est vrai, mais de même nature, et pour des personnes qui n'offrent pas les mêmes garanties d'un bon recrutement ?

C'est ce que décidait la loi du 21 nivôse an VIII, article 1er, quand elle exigeait le serment politique de « ceux qui exercent habituellement ou momentanément des fonctions, places ou emplois publics ». Seulement ce texte n'a pas de portée pratique devant le décret de 1870 qui abroge tout serment politique.

Dans certains cas du reste des raisons spéciales imposent la négative. Ainsi l'arbitre, exerçant une juridiction conventionnelle, n'est pas soumis au serment, car il ne détient aucune fraction de la puissance publique ; sa décision arbitrale n'a par elle-même aucune force exécutoire, elle la reçoit d'une ordonnance du président du tribunal (art. 1020, al. 1, C. pr. civ.).

De même encore, malgré la permanence des conseils de guerre et de révision et les tableaux de juges dressés d'avance en vertu des articles 19 et 28, loi du 9 juin 1857, leur composition variant dans chaque cas suivant le grade de l'accusé, on doit peut-être considérer leurs membres comme exerçant une fonction momentanée. Mais peu importe cette conception ; seuls les articles 25 et 32 exigent un serment des commissaires impériaux et des rapporteurs pris en dehors de l'activité ; aucun autre serment n'est prescrit.

Ce silence est voulu, car le rapporteur de la loi de 1857 disait : « la loi considère que les fonctions de juge sont au nombre des devoirs militaires ». Or pour ces derniers un serment a déjà été prêté. La raison toutefois n'était guère exacte. Comment faire rapporter à l'administration de la justice, un serment de fidélité à l'empereur? Mais depuis 1870 cette garantie, si peu adéquate, a elle-même disparu, sans qu'on ait songé pour cela à instituer un serment de juges pour les officiers appelés à siéger au conseil de guerre.

D'ailleurs dans notre conception critique du serment, cette lacune est au fond sans importance ; nous la signalons seulement comme une inélégance.

Notre question se pose au contraire avec netteté pour les avocats et avoués appelés à siéger comme juges dans un tribunal civil en cas d'absence ou d'empêchement des juges titulaires et suppléants (Déc. 30 mars 1808, art. 40).

Nous avons écarté par anticipation la loi de nivôse an VIII sur laquelle la Cour de cassation s'est autrefois appuyée pour exiger le serment (1). Mais depuis elle s'est résolument prononcée dans le sens de la négative (2).

S'il est vrai, dit-on, que l'avocat ou avoué, appelé à siéger comme juge, exerce la plénitude du pouvoir judiciaire, il ne cesse cependant pas en cela d'accomplir un acte de sa profession et la preuve qu'on ne les confond pas avec les juges, c'est qu'ils ne sont appelés qu'à compléter le tribunal et qu'ils n'y pourraient former la majorité. Or comme avocats ou avoués ils ont déjà prêté un serment professionnel ; pourquoi en exiger un nouveau ?

Ce raisonnement est contestable. Les avocats ou avoués appelés à siéger sont de véritables juges ; si on ne les admet qu'à titre de complément, c'est simplement qu'on a moins

(1) Cass., 22 mars 1831, D. 31.1.154; Conclusions de l'avocat général Desjardins, D. 84.1.169.

(2) 2 arrêts de Rejet du 26 décembre 1883, D. 84.1.169, et la note de M. Glasson qui approuve cette jurisprudence ; Rej. 29 janvier 1884, D. 84.1.472. La Cour de Paris s'était déjà prononcée en ce sens en 1850, D. 50.2.31.

confiance en eux qu'en des juges recrutés selon les règles ordinaires ; et il y a justement là une raison de plus pour leur imposer le serment. Quant à leur serment d'avocat ou d'avoué, sa formule ne les astreint à aucun des devoirs de juge ; elle ne se rattache qu'à leur rôle de défenseur ou de conseil.

On ajoute que le magistrat exceptionnellement admis à plaider en vertu de l'article 86 du Code de procédure civile ne prête pas le serment d'avocat. Mais d'abord c'est un argument de réciprocité, par là même sans portée. Ensuite, tout magistrat a été avocat stagiaire et a donc prêté un serment d'avocat. Enfin la solution elle-même qu'on invoque aurait besoin d'être justifiée en droit.

En réalité la jurisprudence trouve sinon sa justification, au moins son excuse dans les inconvénients très réels qu'offrirait l'affirmative. Le décret de 1808 a voulu que le cours de la justice ne fût point interrompu, et dans cette vue il pourvoit immédiatement au remplacement du juge absent ou empêché. Mais le résultat n'est pas atteint et le remplacement perd sa raison d'être, si avant de venir siéger au tribunal l'avocat ou l'avoué doit aller prêter serment au siège, peut-être éloigné, de la Cour d'appel.

La difficulté se présente dans des conditions analogues et l'opinion générale (1) lui donne la même solution, pour les juges complémentaires que le tribunal de commerce, au cas de récusation ou d'empêchement, est appelé à tirer au sort sur une liste annuellement dressée par lui (L. 5 décembre 1876, art. 2, et L. 8 décembre 1883, art. 16, modifiant art. 626, C. com.).

(1) Glasson sous Dalloz, 84.1.169 ; Louis Renault sous S. 72.1.409 ; Bravard et Demangeat, 6, p. 295 ; Bédarride, n° 117 ; Alauzet, t. 6, n° 2936 ; *Contrà* : Dalloz, *Rép.*, V° *Serment*, n° 42.

Ici cependant il y a un argument de plus en faveur de l'affirmative : le commerçant tiré au sort comme juge complémentaire n'a, à la différence de l'avocat et de l'avoué, jamais prêté aucun serment touchant de près ou de loin à l'administration de la justice. Aussi est-ce en ce sens que s'est prononcée la circulaire du 13 février 1884, D. 84.4.11, note 21.

Il est juste de remarquer cependant que dans la théorie de la négative, l'argument tiré des considérations pratiques a encore plus de force que dans la précédente hypothèse ; car l'urgence est encore plus pressante dans les affaires commerciales. Or c'est une cause d'embarras et de lenteurs que d'obliger le juge complémentaire à aller prêter serment, conformément à l'article 629 du Code de commerce, devant la Cour d'appel ou devant le tribunal civil spécialement délégué par la Cour d'appel.

Quand se prête le serment.

Il intervient naturellement après la nomination, après même le paiement du cautionnement quand il en est dû un (1), et avant l'installation, cérémonie par laquelle le fonctionnaire est admis à siéger pour la première fois dans la compagnie dont il va faire partie, en tout cas avant d'entrer en fonctions, c'est-à-dire d'accomplir un acte quelconque relatif aux fonctions (2).

(1) La loi de finances du 28 avril 1816, article 96, veut en effet que pour prêter serment tout fonctionnaire soumis au cautionnement, en présente la quittance.

(2) Ainsi pour les avocats et avoués : Voy. L. 22 ventôse, an XII, article 31 ; pour les préposés de la régie, Déc. 1er germinal an XIII, article 20 ; pour les avocats au Conseil d'Etat, Déc. 22 juillet 1806, arti-

L'article 47 de la loi du 25 ventôse an XI fixe pour la prestation du serment des notaires un délai fatal de deux mois à partir de la nomination. Les termes de l'article « à peine de déchéance » semblent bien viser une déchéance de plein droit. Cependant d'après une décision du garde des sceaux du 29 mai 1837 (1), les tribunaux ont le pouvoir discrétionnaire d'apprécier les motifs du retard et de prononcer ou non la déchéance. Quelque critiquable que soit cette solution au point de vue de l'interprétation du texte, elle est conforme à l'équité, et de plus elle peut s'appuyer par analogie sur la solution spéciale donnée pour les huissiers par le décret du 14 juin 1813, article 13. Ce décret donne aux huissiers pour jurer un délai d'un mois depuis la notification à eux faite du décret de nomination ; mais il ajoute : s'ils prouvent que le retard ne leur est point imputable, le tribunal pourra déclarer qu'ils sont relevés de la déchéance par eux encourue et les admettre au serment.

Malgré le caractère spécial de ces textes, la chancellerie applique aux magistrats le délai de la loi de ventôse. C'est là, semble-t-il, une façon plutôt prétorienne de combler les lacunes de la loi.

Renouvellement du serment.

En prêtant serment on contracte un engagement relatif à la fonction dont on vient d'être investi et, dans la con-

cle 50 ; pour les magistrats en général, Déc. 22 mars 1852, article 8 ; pour les huissiers, Déc. 14 juin 1813, article 12 ; pour les notaires, L. 25 ventôse an XI, article 48.

(1) D. 38.3.116. Dans l'espèce, la cause du retard était une maladie grave.

ception traditionnelle, ce serment confère une parcelle de puissance publique limitée *materiâ*, *loco* et quelquefois *tempore*.

Il en résulte qu'un nouveau serment s'impose si on est nommé à une fonction différente (*materiâ*), ou même si on est nommé à une fonction identique dans un ressort différent (*loco*) (1). Toutefois dans ce dernier cas les lois du 22 août 1791, titre 13, article 13 et du 21 avril 1818, article 65, dispensent les agents des douanes de renouveler le serment et se contentent de l'enregistrement au greffe du tribunal de la nouvelle résidence ; de même l'ordonnance du 27 août 1830, article 4, admet l'avocat inscrit dans un barreau à plaider devant toutes les Cours de France. Quant aux juges consulaires, ils ne sont élus que pour deux ans ; ils sont donc soumis à un nouveau serment en cas de réélection (*tempore*) (2).

D'après un usage très ancien les avocats doivent chaque année renouveler leur serment à l'audience solennelle de rentrée des Cours d'appel. L'ordonnance du 23 octobre 1274 prescrivait déjà ce renouvellement la main sur l'E-

(1) Ce point est controversé. En notre sens : Garsonnet, Rousseau. En sens contraire : Dalloz ; à quoi bon, dit-il, un nouveau serment dont la formule sera identique à l'ancienne. L'argument ne répond pas à la raison que nous donnons.

La jurisprudence décide que le magistrat qui change de Cour d'appel avec les mêmes fonctions, n'a pas à prêter de nouveau serment (Cass., 21 juillet 1832, S. 33.1.63).

De même pour le garde champêtre ou forestier qui change de résidence, il suffit de faire enregistrer la commission et l'acte de serment au greffe du tribunal de la nouvelle résidence (Cass., 10 septembre 1847, S. 48.1.455 ; *J. P.* 48.1.552).

De même pour les agents des contributions indirectes (Cass., 28 février 1829).

(2) Circul. minist., 13 février 1884, D. 84.4.12, note 19.

vangile devant le Parlement assemblé (1). La règle qui s'étendait aussi aux magistrats fut constamment suivie dans l'ancien droit à toutes les St-Martin (2). Aujourd'hui le décret du 6 juillet 1810, article 3, n'impose ce renouvellement qu'aux avocats présents à l'audience de rentrée, et encore dans la pratique ne l'exige-t-on que des membres du Conseil de l'ordre. Même ainsi restreinte, cette règle offense la délicatesse des avocats, en supposant qu'ils ont pu oublier leurs engagements solennels, et en droit elle ne serait justifiée que si les avocats étaient admis *ad tempus* (3).

Dans le système qui exige le serment de juge des avocats et avoués remplaçant un magistrat, ce serment devrait-il être renouvelé si l'avocat ou avoué était appelé à un nouveau remplacement ? La Cour de cassation le jugeait inutile dans son arrêt de 1831 (D. 31.1.154), mais M. Glasson (sous D. 84.1.169) critique justement cette solution.

L'avocat peut remplacer tantôt un juge de première instance, tantôt un juge d'appel ; or le magistrat qui passerait de l'une de ces fonctions à l'autre devrait prêter un nouveau serment.

Où et par qui le serment est-il reçu ?

Le décret du 11 septembre 1870 répond d'une façon générale : devant le corps auquel on appartient ; mais il laisse subsister les dispositions antérieures, du moins celles qui

(1) *Recueil des ordonnances*, t. 1, p. 300.

(2) Boucher d'Argis, Ch. 9, n° 97 et suiv.

(3) Jambois, *Le serment de rentrée*, 1880.

Le même état d'esprit du législateur vis-à-vis des avocats se retrouve dans l'article 311, I cr.

visent le serment professionnel, et qui règlent un cas particulier : *specialia generalibus derogant.*

D'autre part, chaque fois que la prestation doit avoir lieu devant un tribunal, elle intervient en audience publique (1), à la requête du ministère public (2), sur lecture de la formule faite par le greffier.

Les membres de la Cour de cassation et des Cours d'appel jurent devant les Chambres assemblées de leurs corps respectifs, les membres du Conseil d'Etat et de la Cour des comptes devant l'assemblée générale, ceux des tribunaux de première instance devant la 1re chambre de la Cour, les juges consulaires devant la Cour d'appel aussi, à moins que la Cour ne siégeant pas dans l'arrondissement du tribunal de commerce, elle ne délègue pour la réception sur la demande des juges consulaires le tribunal civil de cet arrondissement (art. 629, C. com.). Et il en serait de même des notables commerçants appelés comme juges complémentaires (3), si on admet qu'ils sont soumis au serment. Les juges de paix et leurs suppléants prêtent serment devant le tribunal de première instance.

Les greffiers et commis-greffiers, les avocats au Conseil

(1) Déc. 11 septembre 1870, art. 2.

(2) Un tribunal qui recevrait un serment, soit d'office, soit sur la demande du récipiendaire, soit sur la présentation d'un avoué, commettrait un excès de pouvoir : *Sic* : Cass., 15 juillet 1836, *J. P.* 37.1.575 ; 22 mars 1843, D. 43.1.152 ; 17 août 1852, D. 52.1.232.

(3) Bravard, 6, p. 295 ; Alauzet, 6, n° 2936 ; Req,, 9 juillet 1872, S. 72.1.409, note de M. Renault.

Le tribunal de commerce n'a aucune qualité pour recevoir ce serment ; les juges complémentaires sont des juges consulaires au même titre que les autres et l'article 629 du Code de commerce leur est applicable. De plus la réception est un acte d'administration qui n'appartient pas aux tribunaux exceptionnels.

d'Etat, les avoués d'appel et de 1re instance, devant la Cour ou le tribunal auquel ils sont attachés (1).

Les notaires, huissiers, commissaires-priseurs, devant le tribunal de 1re instance du ressort (Déc. 5 avril 1852, art. 1).

Les agents de change devant le tribunal de commerce ou à défaut devant le tribunal civil (Déc. 7 octobre 1890, art. 5).

Les avocats devant la Cour d'appel du ressort (Ord. 20 novembre 1822, art. 38).

Quant aux agents assermentés des diverses administrations, l'autorité chargée de la réception du serment est pour les uns le tribunal civil (à l'audience de la chambre que tient le président, Déc. 30 mars 1808, art. 65), pour

(1) Cette solution a été contestée à tort pour les greffiers des tribunaux de commerce. La loi des 16-24 août 1790, tit. 9, art. 1, le décret du 5 avril 1852, art. 1, ne font aucune distinction. *Sic* : Cass., 22 mars 1843, D. 43.1.152. Le président du tribunal de commerce tout seul ne pourrait pas plus recevoir le serment que la Cour d'appel (13 avril 1893, D. 93.1.225, S. 93.1.286 et le rapport du conseiller Petit).

On a quelquefois prétendu que les greffiers des justices de paix devaient prêter serment devant le tribunal civil et non devant le juge de paix qu'ils assistent. A l'argument tiré de la loi des 16-24 août 1790, tit. 9, art. 5 : « Le secrétaire greffier, que le juge de paix pourra commettre, prêtera serment devant lui... », on a répondu que depuis la loi du 28 floréal an X, la nomination appartient au chef de l'Etat et que notre article est ainsi abrogé (*Sic* : Lonchampt, *Dictionn. des justices de paix*, 1832, p. 506). Mais ce raisonnement est inexact : le changement apporté dans la nomination du greffier n'a aucun rapport avec le mode de prestation de son serment. Sur ce dernier point la loi de 1790 n'est aucunement modifiée par la loi de l'an X : elle subsiste donc. Notre solution est du reste en harmonie avec le principe que les membres des tribunaux prêtent serment devant le corps dont ils font partie (*Sic* : Lettres du min. de la justice, 13 novembre 1821, 22 janvier 1823 ; Circulaire, 23 juillet 1823 ; Arbinet, *Serment des greffiers des justice de paix*, 1891).

d'autres le juge de paix, le préfet, le sous-préfet, le maire (1).

A défaut d'indication résultant d'un texte spécial la réception serait faite par le corps auquel appartient le fonc-

(1) Ainsi le tribunal civil reçoit le serment des :

Agents et arpenteurs, gardes forestiers de l'Etat, des établissements publics ou des particuliers (C. for., art. 5, 99, 117).

Maîtres et contre-maîtres de la garde des arbres de la marine (Ord. 9 janvier 1818, art. 10).

Préposés de la douane (L. 21 avril 1818, art. 65), de l'octroi (Ord. 9 déc. 1814, art. 58).

Vérificateurs des poids et mesures (L. 4 juillet 1837, art. 7).

Essayeurs des bureaux de garantie (Ord. 15 juillet 1842, art. 1).

Gardes du génie (Ord. 1er août 1821, art. 31), gardes d'artillerie et gardiens de batterie (L. 21 mai 1858), portiers-consignes (Déc. 23 octobre 1883, art. 30).

Agents du service sanitaire (Déc. 24 décembre 1850, art. 39).

Officiers et maîtres des ports de commerce (Déc. 15 juillet 1855, art. 12 et 30).

Gardes-ports, jurés compteurs et autres agents de la navigation (Déc. 9 mars 1807).

Gendarmes (L. 21 juin 1836, Déc. 1er mars 1854, art. 6).

S'il n'y a pas de tribunal dans la localité, le juge de paix peut recevoir le serment des préposés de la régie (Déc. 1er germinal an XIII, art. 20), de l'octroi (Ord. 9 décembre 1814, art. 58), de la garantie des matières d'or et d'argent (Ord. 15 juillet 1842, art. 1), des syndics des gens de mer, des gardes jurés de la marine (Déc. 4 juillet 1853, art. 18).

Il est seul chargé de la réception des gardes ventes (C. for., art. 31), des gardes champêtres des communes et des particuliers (L. 28 septembre-6 octobre 1791, tit. 1, S. 7, art. 5; Décis. Just.. 18 novembre 1878, *Bulletin*, n° 121).

Le préfet reçoit les prud'hommes (Déc. 11 juin 1809, art. 20; Avis C. d'Etat, 20 février 1810, art. 20), les commissaires de police (Circul., 14 décembre 1854), les inspecteurs du travail, les agents des ponts et chaussées, les commissaires des chemins de fer, les receveurs des hospices, les pharmaciens, etc.

Le sous-préfet reçoit les porteurs de contrainte (Règl. 21 décembre 1839, art. 30) et le maire les agents de police de sa commune (Déc. 1er juin 1792, art. 9).

tionnaire (Déc. 11 septembre 1870) et, s'il est isolé, par le tribunal civil.

Dans tous les cas, le serment prêté devant une autorité incompétente est non avenu (1).

Caractère de la réception d'un serment.

Soit que la réception émane d'un agent administratif, soit qu'il y soit procédé par un tribunal, elle constitue évidemment un acte d'administration et non de juridiction. Elle est exclusive de toute idée de procès. En outre, ce n'est pas un intérêt privé, mais l'intérêt général de la société qui exige la garantie du serment (2).

Cela n'empêche pas le tribunal qui reçoit le serment de vérifier les conditions légales d'admissibilité dont l'absence frappe la nomination d'illégalité et lui donne le droit et le devoir de se refuser à la réception. Même dans le rôle spécial qu'elle joue ici, l'autorité judiciaire ne saurait être réduite à la situation d'un simple agent de l'administration et elle n'est tenue de donner force d'exécution à des actes de l'autorité administrative qu'autant qu'ils sont conformes à la loi (3).

Réciproquement le même principe de la séparation des autorités s'oppose à ce que le tribunal fasse de la nomination une appréciation de fait, et refuse par exemple de recevoir un serment sous prétexte que le récipiendaire ne remplit pas les conditions d'intelligence, de dignité, de moralité. Il y aurait là une immixtion dans le domaine de

(1) Cass., 31 mars 1862, D. 62.1.216.

(2) Cass., 29 avril 1892, D. 92.1.528.

(3) Cass., 13 juillet 1885, D. 85.1.276. Rapport du conseiller Alméras-Latour.

l'autorité administrative, qui constituerait un excès de pouvoir donnant lieu à annulation de la part de la Chambre des requêtes, conformément à l'article 80 de la loi du 27 ventôse an VIII. Et sur l'annulation accompagnée de l'injonction spéciale et impérative de recevoir le serment, le tribunal ne peut qu'y déférer, à la différence de ce qui se passe dans un renvoi après cassation en matière contentieuse. M. Ballot-Beaupré dans son rapport du 30 juin 1890 (sous D. 91.1.169) compare la situation de notre tribunal à celle d'un tribunal saisi d'une affaire après règlement de juges ; il ne peut plus se déclarer incompétent, il doit statuer au fond (1).

Forme et formule du serment.

La forme est celle que nous avons déjà signalée au précédent chapitre et qu'on retrouve dans toutes les applications du serment. Le récipiendaire répond : je le jure à la formule qui lui est lue. Cependant par exception au principe que le serment est prêté oralement, le décret du 13 octobre 1870 a autorisé, « en raison des circonstances actuelles », les magistrats et les fonctionnaires à adresser leur serment par écrit directement au ministre. En outre des décrets du 19 avril 1889 et du 4 février 1890 autorisent les magistrats coloniaux, nommés à des postes qui ne comportent qu'un seul juge, à envoyer leur serment écrit à la Cour d'appel.

D'une façon générale on reconnaît que la Cour ou le tribunal peut, en cas de circonstances graves et sur réqui-

(1) Sur ces points, V. 30 juin et 23 décembre 1890, *Pand.*, 90.1.361, D. 91.1.169 ; 13 avril 1893, D. 93.1.225, S. 93.1.286.

sition du ministère public, admettre une réception par écrit. En ce cas il est donné lecture de la lettre du récipiendaire, à l'audience, le tribunal donne acte de la lecture et ordonne le dépôt parmi les minutes du greffe (1).

L'objet de la formule varie naturellement suivant la nature des fonctions à exercer. Toutefois il en est beaucoup qui sont si vagues qu'il serait bien plus simple de les ramener à un type unique.

Le décret du 5 avril 1852, article 4, contient une formule générale pour tous fonctionnaires et officiers publics ou ministériels dépendant de l'ordre judiciaire « pour lesquels il n'existe pas de formule spéciale » ; mais par suite de cette dernière restriction, elle n'a d'application que pour les greffiers et commis-greffiers (2).

(1) Le Poittevin, *Dictionnaire des parquets*, V° *Magistrats*, n° 7.

Cette tolérance du serment par écrit peut du reste mener à des abus. On a justement reproché à un garde des sceaux récent de l'avoir accepté, alors qu'aucune circonstance valable ne s'opposait à la prestation orale. Dans cette voie en effet, pourquoi ne pas admettre le serment par télégramme ou même par téléphone ?

(2) Les magistrats jurent « de bien et fidèlement remplir leurs fonctions, de garder religieusement le secret des délibérations et de se conduire en tout comme un digne et loyal magistrat » (Déc. 22 mars 1852, art. 8).

Les prud'hommes « de remplir leurs devoirs avec zèle et intégrité » (Déc. 11 juin 1809, art. 20).

Les avocats, avoués et avocats à la Cour de cassation « de ne rien dire ou publier comme défenseur ou conseil de contraire aux lois, aux règlements, aux bonnes mœurs, à la sûreté de l'État et à la paix publique, et de ne jamais s'écarter du respect dû aux tribunaux et aux autorités publiques (Ord. 20 novembre 1822, art. 38 ; Déc. 5 avril 1852).

Les notaires « de remplir leurs fonctions avec exactitude et probité » (L. 25 ventôse an XI, art. 47).

Les chanceliers de consulat « de remplir avec fidélité les obligations de leur emploi » (Ord. 20 août 1833, art. 21).

Les agents de change « de remplir leurs fonctions avec honneur et

Preuve de la prestation.

Elle résulte du procès-verbal qui est dressé pour constater la réception. A défaut, il y a présomption que le ser-

probité » (Déc. 7 octobre 1890, art. 5).

Les greffiers « de bien et loyalement remplir leurs fonctions et d'observer en tout les devoirs qu'elles leur imposent » (Déc. 5 avril 1852, art. 4).

Les gouverneurs et sous-gouverneurs de la Banque de France « de bien et fidèlement diriger les affaires de la Banque conformément aux lois et statuts » (L. 22 avril 1806, art. 16).

Les commissaires de police « de bien et fidèlement remplir leurs devoirs » (Déc. 1er-8 juin 1792).

Les agents forestiers « de remplir avec exactitude et fidélité les fonctions qui leur sont confiées » (D. 15-29 septembre 1791, tit. 3, art. 12).

Les pharmaciens « d'exercer leur art avec probité et fidélité » (L. 21 germinal an XI).

Les gendarmes « d'obéir à leurs chefs en tout ce qui concerne le service auquel ils sont appelés, et dans l'exercice de leurs fonctions de ne faire usage de la force qui leur est confiée que pour le maintien de l'ordre et l'exécution des lois » (Déc. 1er mars 1854, art. 6).

Les courtiers de marchandises inscrits au tribunal de commerce « de remplir avec honneur et probité les devoirs de leur profession » (L. 18 juillet 1866, art. 2).

Les inspecteurs et gardes jurés des pêches maritimes « de dénoncer toutes contraventions aux règlements de la pêche dans les intérêts de tous, et sans haine, ni ménagements pour les contrevenants » (Régl. 14 juillet 1816).

Les gardes champêtres « de veiller à la conservation de toutes les propriétés qui sont sous la foi publique, et de toutes celles dont la garde leur aura été confiée par l'acte de leur nomination » (Déc. 28 septembre-6 octobre 1791, tit. 1, sect. 7, art. 5).

Les agents des postes « de garder et observer fidèlement la loi due au secret des lettres et de dénoncer aux tribunaux qui seront indiqués toutes les contraventions qui pourraient avoir lieu et qui parviendraient à leur connaissance » (Déc. 26-29 août 1791). Malgré ce serment les correspondances privées ont été et sont encore quelquefois interceptées pour des raisons politiques : un président du conseil n'avouait-il pas

ment n'a pas été prêté. Serment non constaté équivaut à serment non prêté (1). Toutefois cette présomption n'existe que dans les rapports du fonctionnaire et de l'administration. Ainsi vis-à-vis du public tout fonctionnaire est censé agir dans la plénitude de sa capacité légale : tel le juge qui règle une contestation, tel l'agent qui dresse un procès-verbal. La jurisprudence décide qu'un particulier ne peut se prévaloir du défaut de prestation que s'il en fournit la preuve directe. Ce n'est pas à l'administration à prouver que ses agents ont régulièrement prêté serment (2).

Effets du défaut de serment (3).

Les conditions de la prestation (de personnes, de temps, de lieu, de forme, de formule) sont substantielles ; et la jurisprudence a fréquemment l'occasion de relever le caractère sacramentel de la formule dont aucun des termes légaux ne doit être modifié (4). En somme toute prestation irrégulière est non avenue et équivaut à l'absence de serment à moins naturellement qu'il n'en soit prêté un régulier à temps.

Le défaut de serment se produit, soit que le récipien-

publiquement à la tribune de la Chambre avoir « vu passer » un télégramme échangé entre particuliers ?

(1) Et encore la jurisprudence exigerait-elle probablement, comme elle le fait pour les autres applications du serment, que la constatation doit reproduire la formule même ou viser le texte qui la contient.

(2) Cass., 8 avril 1864, D. 64.5.369 ; 28 mars 1867, D. 68.5.368.

(3) On déterminerait aisément par *a contrario* les effets du serment prêté.

(4) Le décret du 8 mars 1852, art. 2, dispose que « toute addition, modification, restriction ou réserve sera considérée comme refus de serment et produira le même effet. »

daire reste simplement dans l'inaction, soit qu'il refuse expressément de jurer. Au premier cas, il n'y a déchéance que quand le délai admis est expiré sans qu'il y ait eu prestation ; au second cas, il y a déchéance immédiate et irrévocable. Le refus de serment équivaut à une démission. Le fonctionnaire ne peut en effet exercer avant de jurer, d'autre part les services publics ne peuvent rester en souffrance ; il importe donc de le remplacer et pour cela il faut bien qu'il soit réputé démissionnaire.

Juridiquement la prestation étant la condition qui suspendait les effets de la nomination, si elle fait défaut, la nomination est considérée comme non avenue.

En conséquence tous actes accomplis par le fonctionnaire dans l'exercice de ses fonctions avant la prestation de serment sont nuls, par exemple, les jugements auxquels le magistrat non assermenté a pris part (1).

De plus le traitement du fonctionnaire n'a jamais commencé à courir (2).

Enfin le fonctionnaire ne peut prendre le titre de sa fonction en le faisant précéder du mot : ancien. Il ne peut se dire ancien magistrat et jouir des droits attachés à cette qualité : ainsi le juge consulaire suppléant qui n'a pas prêté serment ne peut être élu juge titulaire (art. 620, C. com.) (3).

Toutefois les effets du défaut de serment ne se produisent pas en matière délictuelle : à ce point de vue le fonc-

(1) Cass., 12 janvier 1809, D. 1809, *Supplément*, 43 : jugement rendu par un juge de paix ; 28 février 1829, D. 29.1.162 : procès-verbal dressé par un agent des contributions indirectes ; 15 février 1879, D. 80.1.188: jugement rédigé par un greffier.

(2) Déc. 30 janvier 1811, art. 27.

(3) Besançon, 26 février 1878, S. 78.2.80.

tionnaire est bien traité comme tel dès sa nomination.

Commet-il une faute délictuelle ou un délit est-il commis contre lui : il y a délit de fonctionnaire ou contre un fonctionnaire. Les articles 222 et suivants du Code pénal reçoivent, s'il y a lieu, leur application (1).

En outre le fait d'exercer ses fonctions avant tout serment peut constituer le délit de forfaiture et donner lieu à une amende de 16 à 150 francs (art. 196, C. pén.). Il résulte du reste du mot « pourra » de l'article et des travaux préparatoires (2) que le tribunal peut en cas de bonne foi ou de simple négligence ne pas faire application de la pénalité.

Violation du serment prêté.

Si on suppose que le fonctionnaire manque à ses engagements professionnels, il sera puni suivant la gravité intrinsèque des actes accomplis (C. pénal., l. 3, tit. I, sect.2). Il y aura bien du même coup violation du serment prêté, mais aucune peine spéciale n'y est attachée.

SECTION II. — Serment des jurés.

L'institution du jury n'est admise chez nous que dans deux matières : dans la procédure criminelle de la Cour d'assises, dans la procédure administrative de l'expropriation pour cause d'utilité publique.

(1) Bourges, 2 juillet 1896, S. 97.2.293 : pour le préposé au pesage public d'une commune, dont le serment est exigé par l'article 2. Arrêté du 7 brumaire de l'an IX.

(2) Discours de Berlier au Conseil d'Etat (Locré, t. 30, p. 248) ; *Adde*, Noailles (t. 30, p. 288).

Puisque le serment a été considéré comme une garantie nécessaire pour la bonne administration de la justice, lorsqu'il s'agit de magistrats de profession qui répondent aux conditions de l'article 64 de la loi du 20 avril 1810 et sont en outre l'objet d'un choix, comment n'en serait-il pas de même de simples citoyens pris sur la liste des électeurs et qu'on enlève aux occupations quelconques de leur vie pour en faire en un instant et pour un instant les juges d'un crime, pour leur confier la délicate appréciation d'une indemnité d'expropriation ? (1).

A. — *Serment des jurés en Cour d'assises.*

A la vérité il y a pour les jurés deux espèces de serment dont la première seule doit nous occuper ici : le serment promissoire de l'article 312 du Code d'instruction criminelle, prêté par chaque juré avant d'exercer sa fonction ; le serment affirmatif de l'article 348 du Code d'instruction criminelle, prêté par le chef du jury au moment de lire la déclaration du jury.

Moment de la prestation.

Le serment des jurés se place après les questions d'identité posées à l'accusé (art. 310, Inst. crim.) et l'avertissement à son conseil (art. 311, Inst. crim.), avant la lecture de l'arrêt de renvoi et de l'acte d'accusation par le greffier (art. 313, Inst. crim.). Toutefois ces formalités préliminaires, sauf le serment, n'étant pas prescrites à peine de nullité, *à fortiori* l'interversion de leur ordre n'entraîne-

(1) V. L. 21 novembre 1872, articles 1 et 2 ; L. 2 mai 1841, article 29. Cf. Cass., 1er juillet 1824, S. 25.1.180.

rait pas de nullité (1). L'essentiel est que la prestation se produise avant tout exercice de la fonction, c'est-à-dire avant tout débat. Autrement il y aurait nullité absolue de la procédure, et la ratification de l'accusé ne pourrait la couvrir (2).

C'est aussi une règle essentielle que le serment soit répété pour chaque affaire, alors même que plusieurs affaires viendraient devant le même jury et le même jour (3). Il faut en effet que chaque accusé ait la garantie spéciale du serment de son jury. Cette conception résulte d'ailleurs de l'article 312 qui ne parle de l'engagement des jurés que pour les charges portées contre N...

Forme.

La prestation a toujours lieu en audience publique, alors même que le huis clos serait prononcé, car il ne peut s'appliquer qu'aux débats (art. 87, C. proc. civ.), et toutes formalités antérieures doivent être remplies publiquement.

Nouguier nous rappelle que pratiquement le président adresse aux jurés, avant le discours de l'article 312, une interpellation de courtoisie pour les inviter à se lever et à entendre ce discours debout et découverts. Aucune nullité n'est du reste attachée à cette question de convenance qu'aucun texte ne prévoit (4).

(1) Seulement si les parties (accusé ou procureur général) demandent l'accomplissement des formalités dans l'ordre légal, le refus ou l'omission de statuer sur cette demande ou d'y faire droit donnerait ouverture à cassation (article 408, Instr. crim., al. 2).

(2) Cass., 10 décembre 1831.

(3) Cass., 7 floréal an IX, *Bulletin*, n° 293.

(4) Cass., 16 décembre 1847, *Gaz.*, 17 décembre.

En cet état, le président adresse aux jurés le discours suivant : « Vous jurez et promettez devant Dieu et devant « les hommes d'examiner avec l'attention la plus scrupu- « leuse les charges qui seront portées contre N..., de ne « trahir ni les intérêts de l'accusé, ni ceux de la société « qui l'accuse ; de ne communiquer avec personne jus- « qu'après votre déclaration ; de n'écouter ni la haine ou « la méchanceté, ni la crainte ou l'affection ; de vous dé- « cider d'après les charges et les moyens de défense, sui- « vant votre conscience et votre intime conviction, avec « l'impartialité et la fermeté qui conviennent à un homme « probe et libre » (1).

Ce long discours constitue à vrai dire une interrogation avec indication par avance de la réponse à faire, de l'engagement à contracter.

On s'est demandé si le président peut en modifier les termes.

Pour l'affirmative, on a dit que la nullité n'était attachée par l'article 312 *in fine* qu'à la réponse des jurés : je le jure ; qu'ainsi ces mots étaient seuls sacramentels. On ajoute que plusieurs arrêts se sont prononcés dans ce sens (2). Mais la négative (3) paraît plus exacte.

(1) Cf. le serment que prêtaient avant de recevoir les tablettes sur lesquelles ils exprimaient secrètement leur avis, les *judices* romains : « Facturum se, ut quod recte factum esse volet, ut testium, qui in eam rem erunt, verba audiat, neque se facturum quo eam rem minus judicet, etc. » (Girard, *Textes de dr. romain*, *Loi Acilia repetundarum*, p. 35 ; Esmein, *Mélanges*, Table de Bantia, p. 336 ; Mommsen, *C I L*, vol. I, §§ 36 et 40 et la note, loi de 631-632). Justinien dit encore au *Code de judiciis*, L. 12 : « Antiquos judices... omnimodo sese cum veritate et legum observatione judicium esse dispondituros. »

(2) Cass., 22 janvier 1814 ; 16 février 1816 ; 1er mars 1816, S. 17.2. 313.

(3) Nouguier, *La Cour d'assises* ; Cubain, *Tr. de la procédure dev. les Cours d'assises*, no 395.

D'abord les arrêts indiqués ne s'occupent pas directement de la question : ainsi l'arrêt du 16 février 1816 dit incidemment que l'article 312 ne prescrit à peine de nullité que la prestation de serment des jurés. De plus rien ne prouve qu'on ait voulu dans cet arrêt opposer la réponse des jurés au discours du président.

Ensuite le discours du président ne contient pas autre chose que la formule du serment que les jurés ne font que répéter sous une forme implicite en disant : je le jure, c'est-à-dire, je jure cela : je jure dans les termes et dans les conditions que vous venez de rappeler.

Comme dit Dalloz, le serment du juré n'est que la répétition mentale et résumée du discours du président. Il y a donc indivisibilité entre l'un et l'autre et le moindre changement apporté à celui-ci se communique à celui-là qui se trouve ainsi nul.

Ainsi il y aurait nullité si les mots « devant Dieu » étaient supprimés dans le discours (1).

Après son discours, le président fait l'appel individuel des jurés (art. 312 *in fine*). La jurisprudence admet du reste que l'appel peut être fait par le greffier qui n'est alors que « l'organe légal du président » (2). *A fortiori* il pourrait être fait par l'un des assesseurs. Le but de l'appel individuel est d'obtenir une prestation de serment individuelle. S'ils juraient ensemble, comment constater qu'ils

(1) Certains présidents l'ont fait pour obtenir le serment des jurés qui ne voulaient pas prêter un serment religieux (ex. C. d'assises d'Oran, 20 mars 1882, *Fr. jud.*, 6.480. *Contrà* : C. d'assises des Bouches-du-Rhône, 20 février 1882). Mais la Cour de cassation a immédiatement condamné cette pratique. V. les arrêts plus loin cités de 1882 et 1886.

(2) Rej., 16 juin 1836, D. *Rép.*, V° *Inst. crim.*, n° 1955.

ont tous juré. La prestation collective serait donc nulle (1), bien qu'on puisse soutenir que la nullité de l'article 312 *in fine* ne la vise pas.

D'ailleurs s'il a été tiré au sort un ou deux autres jurés, à titre de suppléants, conformément à l'article 394, ils doivent jurer comme les titulaires, afin d'être prêts à les remplacer.

En prêtant serment le juré doit être debout, découvert et la main droite levée. Ainsi le veut l'article 312 qui ne fait en cela que reproduire les usages traditionnellement suivis et déjà signalés. Sur un seul point l'article ne précise pas ; il dit : la main levée sans spécifier laquelle. Il n'y aurait donc pas nullité à lever la main gauche (2). De même on pourrait lever la main gantée (3). Quant à ne pas lever la main du tout, à rester assis et couvert, c'est enfreindre l'article 312 ; cependant il n'y aurait pas encore nullité, parce que l'article ne la prononce pas et qu'en outre ces formalités n'ont rien de substantiel.

Pour terminer, l'article 312 prescrit au juré trois mots à peine de nullité : je le jure. Y ajouter quelque chose qui ne soit ni une contradiction, ni une réserve n'est pas vicier le serment. Ainsi on peut dire : « je le jure devant Dieu (4) » tandis qu'on ne peut dire : « je le jure en protestant ». La Cour de cassation a justement vu dans cette prestation irrégulière un refus de serment (5).

Notre formule a du reste soulevé dans la pratique de

(1) Cass., 30 décembre 1830, D. 31.1.53 ; 31 août 1893, D. 95.1. 433.

(2) Cass., 30 avril 1847, D. 47.4.439.

(3) Cass., 27 février 1853, *Bulletin*, n° 55.

(4) Cass., 17 janvier 1833, Pasicr. 33.1.15.

(5) Cass., 20 mai 1882, D. 82.1.388 ; 13 février 1886, D. 86.1.430.

grandes difficultés depuis une vingtaine d'années (1). Elles se réfèrent au caractère religieux du serment et par suite pourraient se produire aussi bien dans toute autre application du serment ; mais elles ont pris naissance à propos de celui des jurés parce que sa formule spéciale reflète expressément le caractère religieux de l'engagement. C'est contre cette obligation qu'ont protesté les jurés libres-penseurs. Ils ont refusé le serment ou, ce qui est la même chose, l'ont prêté en protestant, ou après que le président eût retiré de son discours tout ce qui pouvait en rappeler le caractère religieux. On invoquait le principe de la liberté de conscience ; mais ce principe ne saurait en droit positif être placé au-dessus d'un texte de loi formel qui lui assigne une limite. La jurisprudence a donc eu raison de voir dans tous ces subterfuges des refus de serment et de prononcer en conséquence l'amende de l'article 396 du Code d'instruction criminelle. Là où la loi impose une obligation même injuste, le citoyen doit obéir ou supporter les conséquences de sa désobéissance. On l'oublie trop de nos jours.

Sans doute il eût été logique, nous le verrons dans la partie critique, et conforme à l'égalité de tous devant la loi, puisque la jurisprudence admettait que chacun est libre de jurer suivant son culte (2), d'appliquer cette idée même à ceux qui ne professent aucun culte ; mais il y avait le texte formel de l'article 312 qu'on ne pouvait éluder.

(1) Toutefois dans ces dernières années les recueils de jurisprudence sont moins riches en décisions de cette nature.

(2) Cass., 28 mars 1810, pour le serment supplétoire d'un Quaker, S. 1810.1.226 ; Cass., 10 juillet 1828, pour un juré israélite.

Preuve de la prestation.

Suivant un principe déjà signalé, toute formalité prescrite par la loi et dont l'accomplissement n'est pas constaté dans la procédure est réputée omise (1). Ainsi le greffier de la Cour d'assises qui dresse à peine de nullité un procès-verbal de la séance, doit y mentionner l'observation des formalités légales, et en particulier de la prestation du serment et de tout ce qui constitue sa substance (formule, serment proprement dit, prestation individuelle) (372, C. instr. cr.).

Il faut du reste que la constatation soit conçue de telle manière que la preuve de l'observation des formalités substantielles en résulte nécessairement. La jurisprudence n'admet, ici comme ailleurs, que deux modes de constatation : la reproduction littérale des termes de la formule prescrite ou le visa de l'article qui contient la formule (2). Seulement M. Nouguier, tout en constatant que la Cour de cassation s'est toujours contentée de la mention : le président a reçu le serment prescrit par l'article 312, témoigne qu'elle a été « unanime à désapprouver le vague et le sans-façon de cette formule, s'étonnant qu'elle fût adoptée et obstinément suivie dans l'une des premières Cours de

(1) Cass., 21 avril 1891, S. 91.1.260.

(2) Req., 12 décembre 1861 ; Cass., 31 août 1893, D. 95.1.433, note de M. Sarrut.

Exemples de mentions irrégulières: Cass., 9 juin 1887, *Bulletin* n° 209: le procès-verbal disait : « aucun (au lieu de chacun) de MM. les jurés appelé individuellement a répondu etc. », Cass., 31 mars 1892, D. 92.1.630 : le procès-verbal constatait l'accomplissement des formalités de l'article 314, puis le greffier s'apercevant de son erreur, avait surchargé le 4 par un 2, sans faire approuver cette surcharge.

l'Empire ». Au contraire il ne serait pas suffisant de mentionner la prestation du « serment requis par la loi », car la loi prescrit plusieurs espèces de serments et la formule du serment des jurés diffère beaucoup de la formule ordinaire.

Enfin une mention spéciale n'est pas nécessaire pour les jurés suppléants ; la mention générale du serment des jurés est suffisante, en supposant bien entendu que la prestation individuelle en résulte (1).

En cas de constatation régulière, la preuve de la prestation est faite jusqu'à inscription de faux. Toutefois cette preuve serait infirmée, dans le cas particulier où la Cour sur les conclusions de l'accusé, donnerait acte par un arrêt qu'un juré n'a pas prêté serment (2).

Sanction du défaut de serment.

L'omission pure et simple de notre prestation, qui résultera on l'a vu du défaut de toute mention, entraînera la nullité de la procédure et naturellement de l'arrêt de condamnation qui s'ensuivrait (3) ; et l'accusé ne saurait couvrir cette nullité qui est d'ordre public. Mais la même sanction serait attachée à toute irrégularité viciant le serment, ainsi, au serment prêté avec un retranchement ou une restriction, à la mention irrégulière au procès-verbal, au défaut de prestation individuelle, à la prestation postérieure à l'ouverture des débats, etc.

On a cependant fait difficulté d'admettre la nullité au

(1) Cass., 11 août 1887, D. 87.1.464 ; 31 août 1893, D. 95.1.433.
(2) Cass., 29 septembre 1881, D. 82.1.96.
(3) Cass., 2 janvier 1880, D. 80.1. 144.

cas de défaut de serment d'un juré suppléant, alors du moins qu'il n'a pas été appelé à remplacer un titulaire. Qu'importe, semble-t-il, qu'il n'ait pas juré ; il n'a joué aucun rôle dans les débats, il n'en a été que le spectateur inutile. Sous l'empire de cette considération, la Chambre criminelle a d'abord décidé que la nullité n'était pas encourue (1). Depuis elle s'est prononcée avec raison en sens contraire (2).

En effet, l'article 312 qui prescrit le serment ne distingue pas entre deux espèces de jurés ; les suppléants font partie du jury au même titre que les autres jusqu'à son entrée dans la salle des délibérations.

Il est ensuite inacceptable théoriquement qu'on distingue pour la sanction de l'omission d'une formalité suivant les résultats pratiques auxquels cette omission pourra aboutir par suite des circonstances : la sanction doit être déterminée à l'avance. Pratiquement aussi, il ne faut pas, l'omission une fois commise, qu'il y ait doute sur la sanction jusqu'à la déclaration définitive du jury, et que les débats soient continués dans l'espérance que le remplacement d'un titulaire ne deviendra pas nécessaire ; car par cette espérance souvent déçue, on s'exposerait à des annulations de procédure qui nuisent à la bonne administration de la justice (3). On ne s'engagera pas au contraire dans ces débats inutiles, si la nullité est certaine.

(1) Rej., 20 mai 1824, D. *Rép.*, V° *Instr. crim.*, n° 1957.

(2) Cass., 20 septembre 1849, D. 49.5.81 ; Cass., 17 avril 1873, D. 73.1.270.

En ce sens : Delpech, *La procédure en Cour d'assises*, p. 72 ; Nouguier, *op. cit.*

(3) Sans compter qu'un juré mal intentionné pourrait, en faisant valoir une cause d'excuse simulée, provoquer à son gré la nullité des débats.

Refus de serment du juré.

Ce n'est qu'un cas particulier du défaut de prestation, et nous ne revenons pas sur la question de nullité de la procédure. Nous avons dit également que la prestation avec des restrictions équivalait au refus.

Le refus est-il sanctionné pénalement ? Il s'agit de savoir si l'article 396 du Code d'instruction criminelle qui punit le juré qui ne se rend pas à son poste, et l'article 398 qui punit le juré qui se retire sans excuse jugée valable sont applicables au refus de serment.

Des auteurs soutiennent la négative (1). Le juré qui refuse le serment s'est bien rendu à son poste, dit-on ; il est présent à l'audience.

Pour appliquer l'article 396 il faudrait donc raisonner par analogie, or ce mode d'interprétation est inadmissible en droit pénal. Invoque-t-on l'article 398 ? Le juré ne demande pas à se retirer. Il veut au contraire exercer ses fonctions, mais sans prestation préalable de serment.

Cependant l'opinion contraire est généralement admise (2), et les Cours d'assises ont fréquemment prononcé en notre hypothèse l'amende de l'article 396 (3). Il y a en

(1) Dalloz, *Rép.*, V° *Inst. crim.*, n° 1946 ; C. d'assises des Bouches-du-Rhône, 20 février 1882. Dans cette affaire le juré offrait la prestation en supprimant les mots devant Dieu. La Cour d'assises refusa, considéra le juré comme ayant refusé le serment, et renvoya à l'audience suivante, mais sans prononcer l'amende (Dal., *Sup.*, V° *Proc. crim.*, n° 1596).

(2) Delpech, *op. cit.*, p. 72 ; Cubain, *op. cit.*, n° 396 ; Morin, *Rép.*, V° *Jury*. *Adde* : Nouguier, Faustin-Hélie, *Pratique criminelle*, Dutruc, Toullier, Berriat Saint-Prix.

(3) C. d'assises Isère, 3 mars 1836, *Gaz. trib.*, 7 mars (refus de

effet plus qu'une analogie entre notre hypothèse et celles des articles 396 et 398. Il y a identité. On peut dire qu'il ne se rend pas à son poste ou qu'il l'abandonne, le juré qui, par un refus d'obéissance à une prescription légale, se met dans l'impossibilité d'exercer ses fonctions et nécessite son remplacement. Et cette combinaison d'articles aboutit à ce résultat rationnel que « la loi a entendu assurer au moyen d'une sanction pénale l'entier accomplissement de la mission du juré » (1).

L'amende est fixée par l'article 396, modifié par la loi du 21 novembre 1872, article 20. Elle est de 200 à 500 fr. pour la première fois, de 1000 pour la seconde, de 1500 pour la troisième.

Le refus de serment est susceptible d'entraîner d'autres conséquences. Si la Cour d'assises n'a pas eu la précaution d'ordonner le tirage au sort d'un juré supplémentaire (art. 394, Inst. cr.), le juré refusant ne peut être remplacé, car il est de principe que la liste de session ne peut servir qu'à un seul tirage du jury pour la même affaire. Un arrêt de renvoi à une autre session s'imposera donc (2).

Or le renvoi entraînera quelques conséquences intéressantes :

jurer parce qu'il n'y avait pas de Christ dans la salle) ; Hérault, 7 août 1837, *Gaz. trib.*, 13 août (serment avec restriction : Je jure d'absoudre) ; Seine, 13 février 1855, *Gaz. trib.*, 14 février.

(1) *Sic* : Rej., 13 février 1886, D. 86.1.430 ; Rej., 7 juillet 1892, S. 92. 1.428. On ne saurait d'ailleurs prétendre que l'absence de croyances religieuses entre dans le cas d'excuse prévu par l'article 398, car la loi n'a nulle part admis cette cause de dispense.

(2) Cass., 14 décembre 1876, D. 77.1.336, dit qu'il n'y a pas lieu à renvoi, s'il y a un juré suppléant.

Le renvoi pourrait cependant être évité, si le ministère public et l'accusé consentaient à un nouveau tirage (Laborde, *Droit criminel*, p. 681).

D'abord il prolongera la détention préventive de l'accusé et le refus du juré deviendra ainsi la source d'une action en dommages-intérêts au profit de l'accusé (1382, C. civ.).

Cette action ne sera évidemment pas portée devant la Cour d'assises, les tribunaux répressifs ne connaissant de l'action civile qu'accessoirement à l'action publique et non d'un délit civil séparé de tout délit criminel (1), mais devant le tribunal civil (2).

Ensuite on peut se demander s'il ne convient pas de mettre à la charge du juré les frais de citation, d'actes, de voyages de témoins et autres destinés à faire juger l'affaire et qui n'auraient pas été faits sans le renvoi, par analogie de ce que décide l'article 355 du Code d'instruction criminelle pour le témoin non comparant.

Malgré l'opinion négative de la Cour de cassation belge (3), nous croyons l'affirmative certaine. L'article 355 n'édicte pas une peine de droit criminel, mais confie l'application pure et simple de l'article 1382 du Code civil aux réquisitions du procureur général et à la décision de la Cour.

(1) On n'est pas non plus dans les cas exceptionnels où la loi permet à la Cour d'assises de statuer sur les dommages-intérêts dus à l'accusé par son dénonciateur ou la partie civile (C. pén., 51 ; C. inst. crim., 358,359,366) ; Cass., 20 mai 1882, D. 82.1.388.

(2) Cour d'assises, Seine-Inférieure, 16 mai 1892, *Gaz. Pal.*, 92.1. 689 ; Seine, 28 novembre 1885, *France Judiciaire*, X, 143.

On a prétendu à tort que l'accusé ne pouvait intenter son action que par une procédure de prise à partie (art. de M. Jeanvrot dans *La Loi* du 26 janvier 1886). Le juré n'a pas le caractère de juge tant qu'il n'a pas prêté serment.

D'ailleurs, il peut y avoir action en dommages-intérêts en dehors de l'hypothèse de renvoi ; nous avons seulement indiqué l'hypothèse normale.

(3) 29 octobre 1835, Dal., *Suppl.*, V° *Instr. crim.*, n° 1910.

Sanction du faux serment.

La nature même de la promesse faite par le juré s'oppose à toute vérification, de sorte que sa violation, faute de preuve, devait être et est effectivement impunie. Il s'agit de faits de conscience, c'est-à-dire d'un domaine où le système juridique des preuves ne saurait fonctionner.

Sur un point cependant la promesse porte sur un fait matériel, et par suite la preuve et la répression eussent été possibles : c'est la promesse de ne communiquer avec personne jusqu'à la déclaration. Mais la loi pénale n'a pas plus sanctionné ce cas là que les autres (1).

Cette communication serait seulement une cause de nullité des débats et de l'arrêt intervenu (2).

B. — *Serment des jurés en matière d'expropriation.*

Moment de la prestation.

Elle a lieu après la constitution du jury de jugement chargé de régler l'indemnité (art. 36, L. 3 mai 1841), mais avant tout acte d'accomplissement de la mission. Ce dernier point mérite quelque précision. La prestation doit

(1) Nous réservons naturellement le cas où les faits constitueraient à la fois une violation du serment et le crime de corruption de fonctionnaires (art. 181, C. pén.).

(2) Et encore, ne serait pas considérée comme une communication, une question posée par un juré à un témoin sur l'état des localités, sans qu'il y ait entre eux un échange d'opinions sur le fond de l'affaire (Cass., 8 octobre 1840, D. 40.1.447). A plus forte raison en serait-il de même d'une conversation non relative à l'affaire (Cass., 14 décembre 1876, D. 77.1.336).

précéder toute opération, c'est-à-dire non seulement la délibération où est fixée l'indemnité, mais encore tous les actes d'instruction préliminaires. Mais bien entendu on n'entend par acte d'instruction que ceux qui revêtent un caractère régulier, officiel. Par application, le serment doit intervenir avant toute communication du tableau des offres et demandes, des plans parcellaires et autres documents (1), avant d'entendre les observations de l'administration et de l'indemnitaire (2), les témoins ou experts, avant toute visite de lieux ; mais ne comptent pas comme actes d'instruction une communication de pièces irrégulière, faite par le magistrat directeur en dehors de l'audience à quelques jurés isolément, une visite de lieux toute officieuse et privée, qui n'a pas été annoncée en séance publique ou qui a été faite sans le magistrat directeur, son greffier et les parties (3).

Intervenant au cours des opérations, le serment serait vicié dans sa substance et entraînerait en conséquence la nullité d'ordre public de ces opérations, sans que les parties puissent renoncer à s'en prévaloir (4).

Dans notre matière, où les règles qui garantissent les droits de la défense n'ont pas le même caractère d'ordre public qu'en Cour d'assises, la jurisprudence décide que,

(1) Cass., 22 décembre 1875, D. 76.5.234 ; 12 juin 1882, S. 83.1.184.

(2) Cass., 7 mai 1872, D. 73.1.62.

(3) Cass., 13 août 1866, D. 66.5.214 ; 23 mai 1870, D. 70.1.391.

Il peut encore y avoir visite officieuse quand un jury constitué pour deux affaires fait une visite officielle relativement à l'une d'elles et se renseigne accessoirement en vue de la seconde (Cas., 23 août 1875, D. 77.1.31).

Il importerait peu du reste si la visite était réellement officielle et régulière, que le jury déclarât sa visite officieuse (Cass., 6 août 1877, D. 78.1.52.)

(4) Cass., 2 janvier et 30 avril 1883, D. 83.1.391.

du consentement des parties, plusieurs affaires peuvent être jointes et soumises à un même débat et au jugement du même jury (1). En pareil cas, le jury ne prêtera qu'un serment pour la série des affaires jointes ; mais pour cela il faut que l'agrément des intéressés soit donné avant toute prestation de serment et toute opération, sans quoi la jonction des autres affaires avec celle qui est commencée devient impossible et ces affaires doivent être précédées d'un serment distinct (2).

Forme de la prestation.

On peut facilement suppléer au laconisme de la loi de 1841 sur ce point, par les dispositions du Code d'instruction criminelle relatives au serment des jurés.

Ainsi la prestation aura lieu en séance publique ; cela nous paraît essentiel. Le directeur du jury ou le greffier lira la formule aux jurés qui répondront individuellement (3) « je le jure » dans l'attitude connue.

La Cour de cassation a décidé que plusieurs jurys peuvent prêter serment dans la même séance, en une seule opération, et que ceux qui appartiennent à plusieurs de ces jurys n'ont à jurer qu'une fois (4).

La formule est déterminée par l'article 36 de la loi de 1841 : chaque juré prête serment de remplir ses fonctions avec impartialité. Elle est à notre avis sacramentelle comme toute formule légale de serment.

(1) Cass., 23 août 1854, D. 54.1.319.

(2) Cass., 28 décembre 1880, D. 81.1.259 ; 24 juillet 1888, D. 89. 1.303.

(3) Art. 36, L. 3 mai 1841 : *chaque* juré prête serment...

(4) Cass., 14 février 1883, D. 84.1.191.

Peu importe que la loi de 1841 n'ait pas prononcé la nullité ; il y aurait un long procès à faire si on voulait s'élever contre toutes les nullités admises en l'absence d'un texte formel. Et puis le caractère sacramentel de la formule tient à la substance même du serment. La solution paraît sévère ; mais nous retournons le reproche au législateur qui n'avait qu'à repousser une institution d'un caractère aussi formaliste.

En conséquence tout retranchement ou toute restriction à la formule légale entraînerait une nullité absolue (1).

Preuve de la prestation.

Conformément au principe déjà signalé, notre preuve ne peut résulter que du procès-verbal des opérations dressé par le greffier en conformité de l'article 34 (L. de 1841). A défaut le serment est réputé omis, et il en est de même pour l'expropriation suivie en matière d'établissement de chemins vicinaux réglée par la loi du 21 mai 1836 (article 16) (2).

De même la constatation n'est valable que par la repro-

(1) Cass., 31 janvier 1881, D. 81.1.318. Dans ses conclusions, M. l'avocat général Desjardins développait le caractère formaliste que nous indiquons. Quand le législateur, disait-il, emploie une formule précise, c'est qu'il veut approprier le serment à la fonction. Il en a pesé tous les termes avec un soin scrupuleux ; tout équipollent en altère donc nécessairement la substance. Enfin si on admettait les équipollents, on arriverait à créer des synonymies factices, à méconnaître le sens des mots pour trouver des équivalences. En conséquence la Cour de cassation a décidé que le serment de remplir ses fonctions « en conscience et avec probité » était nul.

(2) Cass., 30 mai et 21 juin 1865, D. 65.5.178 ; 14 mars 1870, D. 70.5.176.

duction littérale de la formule de l'article 36 ou par le visa de cet article (1). Le procès-verbal, dont la constatation est régulière, fait preuve de la prestation jusqu'à inscription de faux (2).

Sanction du défaut de serment.

Nous rappelons que le serment fait défaut dès qu'il n'est pas constaté au procès-verbal. Les opérations du jury, son jugement d'indemnité et l'ordonnance du magistrat directeur qui le rend exécutoire, sont frappés de nullité absolue (3).

Refus de serment.

L'article 32 de la loi de 1841, qui prononce une amende de 100 à 300 francs contre le juré qui manque à une séance ou refuse de prendre part à la délibération, correspond aux articles 396 et 398 du Code d'instruction criminelle applicables aux jurés des assises. Comme eux et pour les mêmes raisons, il s'appliquerait au juré qui refuserait le serment ou ne s'y soumettrait qu'avec des restrictions équivalant à un refus.

Les jurés sont normalement au nombre de douze ; mais l'article 35 disposant d'une part qu'ils peuvent valablement délibérer au nombre de neuf et l'article 30, § 1, prescrivant d'autre part le choix de quatre jurés supplémen-

(1) Cass., 24 décembre 1851, D. 51.5.245 : le visa de l'article 36 est suffisant ; Cass., 1er août 1887, D. 89.1.79 : la mention que le « jury a prêté serment » est insuffisante.

(2) Cass., 26 avril 1843, D. 43.1.266.

(3) Cass., 19 mai 1851, D. 51.1. 156 ; 26 août 1863, D. 64.5.156.

taires, il sera extrêmement rare qu'un refus de serment entraîne le renvoi à une autre session.

Si par impossible cette hypothèse se réalisait le refusant serait responsable du préjudice et notamment des frais inutiles occasionnés par ce renvoi (Cf. art. 355, C. inst. crim.).

SECTION III. — **Serment des témoins.**

Cette garantie a été de tout temps exigée des témoins, depuis le droit romain (1) jusqu'aux ordonnances de Louis XIV (2) et à nos Codes modernes.

L'importance de la preuve testimoniale a paru si grave qu'on a cru devoir renforcer les chances de sincérité de la déposition par la garantie du serment.

D'ailleurs ce n'est pas seulement le serment qui est obligatoire, mais encore la déposition elle-même. Témoigner en justice est un devoir social que la loi impose à chacun de nous dans l'intérêt général.

On peut du reste se demander pourquoi la loi n'a pas la même exigence du serment, en dehors des litiges, et pour certains actes très graves (actes de l'état civil, actes de donation, de testament, de constitution d'hypothèque) à la confection desquels la présence de témoins lui a paru né-

(1) Cicéron, *Pro Cæcina*, Jurati testes hoc dicunt, etc. ; Cicéron, *Pro Cælio Rufo*, Ipsius (testis) jurati religionem auctoritatemque percipite. Juvénal, Sat. 5, V. 5: quamvis jurato metuam tibi credere testi. Code, 4.20, *De Testibus*, L. 9. Constantin, Code, 4.20, *De Testibus*, L. 18 pr. Justinien.

(2) Ordonnance d'avril 1667, tit. 22, art. 14 et 20. Ordonnance d'août 1670, tit. 6, art. 5.

cessaire. N'est-il pas illogique qu'elle prenne moins de précautions pour des actes touchant à l'état des personnes, intéressant au premier chef la famille et le patrimoine, que pour un litige d'une valeur pécuniaire le plus souvent très minime dans lequel aucune déposition ne sera reçue sans serment ?

Quels témoins doivent prêter serment.

La règle du serment est applicable à toute déposition en justice, quelle que soit la juridiction devant laquelle ait lieu l'enquête : juridiction civile (art. 35, 39, 262, 411, C. pr. civ.), commerciale (art. 432, C. pr. civ.), administrative (L. 22 juillet 1889, art. 30), criminelle (art. 75, 77, 79, 80, 155, 189, 269, 317, 355, C. inst. cr.), juridictions spéciales des conseils de prud'hommes (Déc. 11 juin 1809, art. 49), des conseils de guerre (L. 9 juin 1857, art. 128).

Il n'y a pas à distinguer entre les parties qui font citer le témoin, ni selon la qualité du témoin (1).

Notre règle reçoit cependant quelques exceptions :

1° Les mineurs de 15 ans « pourront être entendus par forme de déclaration et sans prestation de serment » (art. 79, C. inst. cr.).

Notons du reste que la minorité n'est pas une cause d'incapacité ou de reproche (art. 285, 413, C. pr. civ.). L'article 285 *in fine* : « sauf à avoir à leurs dépositions tel

(1) Pour les agents de police, gendarmes, gardes champêtres, etc., V. Cass., 10 mars 1892, *Bulletin*, p. 115 ; Cass., 29 juillet 1893, *Bulletin*, p. 325 ; Cass., 30 janvier 1897, *Bulletin*, p. 57. Pour les experts appelés à rendre compte de leurs opérations, V. Cass., 22 janvier 1887, *Bulletin*, n° 21 ; Cass., 15 décembre 1892, D. 94.1.254. Notons qu'en matière criminelle la partie civile, étant partie en cause, ne peut jamais être entendue comme témoin (Cass., 27 mars 1896, *Bulletin*, n° 123).

égard que de raison », est un simple conseil de prudence adressé au juge.

Cela posé, bien que l'article 79 n'édicte de dispense de serment que pour les dépositions devant le juge d'instruction, on admet généralement que cette dispense doit être étendue aux juridictions criminelles de jugement et aux tribunaux civils (1).

Outre l'argument d'analogie de l'article 79, il y a cette raison que la formalité du serment devient dérisoire si on l'impose à des enfants qui n'en comprennent pas l'importance. Enfin, en matière civile, l'article 285 du Code de procédure civile plus haut cité, montre que l'esprit de la loi est bien de ne pas assimiler les mineurs de 15 ans à des témoins ordinaires.

Et cependant s'il faut s'en tenir à la rigueur du raisonnement juridique n'est-il pas vrai que l'article 79 déroge au principe que tout témoin doit prêter serment et qu'en conséquence il doit être interprété restrictivement.

Quoi qu'il en soit la dispense de serment pour les mineurs est purement facultative (2).

2° Les personnes appelées au cours des débats par le président des assises ou du conseil de guerre en vertu de son pouvoir discrétionnaire (art. 269, Inst. cr. ; art. 125, L. 9 juin 1857 ; art. 155, L. 4 juin 1858) (3).

(1) *Sic* : Faustin-Hélie, *op. cit.*, t. 7, n° 3523 ; Laborde, *op. cit.*, n° 1322 ; Bonfils, *Traité de procédure*, n° 766 ; Garsonnet, etc.

(2) Cass., 31 mai 1872, *Bulletin*, n° 130. Et même il n'y aurait pas nullité si un majeur de 15 ans se faisait passer pour mineur, sans que son âge réel résultât d'une pièce authentique de la procédure, et déposait ainsi sans serment (Cass., 3 février 1881, *Bulletin*, n° 25).

(3) Cass., 5 juin 1890, *Bulletin*, n° 116 ; Cass., 4 septembre 1890, D. 91.1.192. D'ailleurs l'audition de ces personnes sous serment ne serait pas une cause de nullité. Cass., 25 février 1893, *Bulletin*, n° 55.

Ces personnes qui ne sont soumises à aucune condition de capacité ne doivent pas être des témoins régulièrement notifiés, car alors leur témoignage serait acquis aux débats (1), à moins que les parties ne renoncent expressément ou tacitement à leur audition comme témoins (2).

Ce pouvoir discrétionnaire n'existe d'ailleurs dans aucune autre juridiction (3).

3° Les personnes condamnées à la dégradation civique ou à la privation des droits civiques, civils et de famille, sont incapables de témoigner en justice « autrement que « pour y donner de simples renseignements, pour y faire « de simples déclarations » (art. 34 et 42, C. pén.) ; c'est-à-dire qu'elles ne peuvent être entendues sous serment.

Cette incapacité, qui nous vient du droit romain (4), a été critiquée (5). Même pour un homme d'une moralité douteuse le serment ne peut toujours qu'être une garantie. D'ailleurs il n'y a guère à craindre que le tribunal, qui connaît l'incapacité et sa cause, n'accorde une foi trop facile à cette déposition. Peut-être le législateur a-t-il voulu ne pas profaner la religion du serment en y admettant des hommes déshonorés par une condamnation infamante.

(1) Cass., 13 juillet 1893, *Bulletin*, n° 192 ; Cass., 27 mars 1896, *Bulletin*, n° 123. Il en serait de même du témoin simplement cité, non notifié, mais à l'audition duquel l'adversaire ne s'opposerait pas.

(2) Cass., 28 août 1890, *Bulletin*, n° 181.

(3) Cass., 11 janvier 1896, *Bulletin*, p. 38 ; 13 novembre 1896, *Bulletin*, p. 506 ; 30 janvier 1897, *Bulletin*, p. 57.

(4) D. 22.5, *de Testibus*, L. 3, § 5 : Lege julia cavetur, ne hac lege in reum testimonium dicere liceret, qui... judicio publico damnatus erit, etc.

(5) Chauveau Adolphe et Faustin-Hélie, *op. cit.*, t. I, art. 34.

Notre incapable pourrait du reste être entendu valablement sous serment si aucune partie ne s'y opposait (1).

Moment de la prestation.

Puisqu'elle sert à garantir la sincérité de la déposition, il est essentiel qu'elle la précède.

En Cour d'assises, l'article 317 du Code d'instruction criminelle mentionne d'abord l'ordre de production des témoins, puis le serment du témoin, puis l'interpellation que le président lui adresse sur ses noms et qualités, enfin sa déposition. Cet ordre est en pratique rigoureusement suivi par les Cours d'assises, mais la jurisprudence admet qu'il n'y aurait pas nullité à faire prêter serment après l'interpellation, tandis qu'il y aurait nullité à ne le faire qu'après la déposition commencée. M. Faustin-Hélie (2) a même critiqué l'ordre de notre article ; souvent, dit-il, le témoin sera incapable et la déclination de ses noms et qualités le montrera. A quoi bon dès lors exiger auparavant un serment qui deviendra souvent inutile. Mais M. Nouguier répond que l'inconvénient signalé ne peut guère se produire. En fait le témoin a déjà paru à l'instruction. En tout cas le président a en main la liste des témoins avec leurs noms et qualités ; il sait donc d'avance s'ils sont incapables. Ce point écarté, il sera quelquefois utile que le serment garantisse les réponses relatives à l'identité, si par impossible le comparant n'était réellement pas le témoin indiqué sur la liste.

(1) Cass., 4 novembre 1892, *Bulletin*, n° 275 ; 25 avril 1895, *Bulletin*, n° 122.

V. cependant Dalloz, *Code pénal annoté*, art. 34, n° 35 : « Cette incapacité de témoigner ne peut être couverte par les parties. »

(2) *Op. cit.*, t. 7, n° 3503.

Le serment une fois prêté n'est point renouvelé à chaque audition nouvelle du témoin qui deviendrait nécessaire pendant tout le cours des débats (1), alors même qu'il serait cité à la requête de plusieurs parties différentes. De plus, il a été jugé qu'en Cour d'assises aucun texte n'exige du président qu'il rappelle à chaque audition soit au jury, soit au témoin, que ce dernier dépose sous la foi du serment (2). Une nouvelle prestation est encore inutile si le juge fait recommencer au témoin sa déposition.

Le serment se prête là où l'enquête a lieu, c'est-à-dire soit en audience publique (dans les enquêtes criminelles, commerciales et civiles sommaires), soit dans le cabinet du juge commissaire (pour une enquête civile ordinaire), soit dans celui du juge d'instruction (pour une instruction criminelle).

Forme de la prestation.

L'attitude du témoin est celle que les usages prescrivent à tout prestataire ; nous savons qu'aucune nullité ne sanctionne leur inobservation (3).

Le témoin répond : je le jure à la formule qui lui est adressée. Nos lois prévoient trois formules différentes : l'une qui est générale (4) « Vous jurez de dire la vérité » ;

(1) Paris, 14 janvier 1891, D. 92.2.13 ; Cass., 14 septembre 1893, D. 95.1.433, note de M. Sarrut ; Cass., 24 septembre 1896, *Bulletin*, n° 290.

(2) Cass., 14 septembre 1893, précité.

(3) Cass., 12 décembre 1889, *Bulletin*, n° 387 : Est valable le serment prêté par un témoin ganté ; Cass., 16 juin 1836, S. 36.1.843 : Est valable le serment du témoin militaire prêté l'épée au côté.

(4) En matière civile : art. 35 et 262, C. proc. civ. ; en matière administrative : art. 30, L. 22 juillet 1889 ; devant les conseils de Prudhommes : art. 49, Déc. 11 juin 1809.

la seconde, plus développée, employée en matière criminelle (1) : « Vous jurez de dire toute la vérité, rien que la vérité » ; la troisième encore plus complète, usitée seulement en Cour d'assises (2) : « Vous jurez de parler sans haine et sans crainte, de dire toute la vérité et rien que la vérité ». De ces trois formules la seconde est la mieux conçue. La première peut laisser croire au témoin qu'il remplira son devoir en disant des choses vraies, bien qu'y ajoutant des détails inexacts ou passant sous silence des détails vrais. Avec la deuxième formule ces distinctions subtiles sont impossibles. L'observation sentimentale de la troisième est au contraire abusive et inutile.

Comme ailleurs la jurisprudence décide que ces formules sont sacramentelles (3).

De grosses difficultés ont été soulevées principalement à propos de la forme du serment des témoins. Nous les examinerons donc ici, mais elles se réfèrent au caractère religieux du serment et seraient en conséquence susceptibles de se produire dans toute espèce de serment.

Le serment étant un acte religieux, n'en résulte-t-il pas d'abord qu'il doit être prêté dans les formes de la religion du prestataire, et ensuite qu'il ne saurait être imposé à ceux dont les croyances religieuses ne l'admettent pas, ni à ceux qui n'ont aucune croyance religieuse.

La première de ces questions, agitée au commencement

(1) Art. 75, 155 et 189, C. inst. cr.

(2) Art. 317, C. inst. cr.

(3) Toutefois la suppression d'un mot insignifiant, comme la conjonctive et, n'entraîne pas de nullité ; de même pour l'intercalation d'un mot simplement superflu (Cass., 15 novembre 1888, *Bulletin*, n° 324).

Mais nous ne pouvons admettre, comme l'a fait un arrêt, la validité de la réponse : oui, au lieu de : je le jure (Rej., 2 février 1852, *Bulletin*, p. 525).

du siècle, est résolue en jurisprudence depuis 1846. La seconde a reçu une solution immédiate, sans jamais prendre un caractère aigu. La troisième n'a guère été soulevée que depuis une vingtaine d'années et la Cour de Cassation l'a réglée immédiatement, mais elle fait naître un très grave problème législatif.

Première question : — Peut-on exiger que le serment soit prêté suivant les formes de la religion du prestataire ?

Pas de difficulté pour les cultes catholique et protestant qui n'ont pas de formes spéciales de serment ou plutôt dont les formes très simples ont été consacrées par nos Codes. Notre question se pose au contraire pour les religions mahométane et surtout israélite qui revêtent le serment d'un appareil particulier. Aussi est-elle le plus souvent appelée : question du serment *more judaïco*.

On sait que parmi les Israélites, les Caraïtes ou israélites du rite portugais sont restés fidèles à la lettre de la Bible et par suite à la forme très simple du serment qu'elle consacrait ; notre question leur est donc étrangère (1). Les Talmudistes ou Israélites du rite allemand ne reconnaissent au contraire la Bible qu'à travers le Talmud, c'est-à-dire qu'avec l'ensemble des commentaires qu'en ont fait les rabbins de Babylone. Pour eux le serment est un acte solennel, d'une certaine complication, qui se prête de deux façons principales. La plus simple consiste à promettre à Dieu de dire la vérité en mettant la main sur une bible hébraïque et la tête couverte (2).

(1) S. 1809.2.328 ; 1827.2.58 ; 1828.2.19 ; 1829.2.286.

(2) Denizart, *Collect. de Décis.*, V° *Juifs*, n° 7.

Fagius adnotat ad Exod. 21 : Judæos hodie cum jurant, libro legis manum adponere et hoc solum jusjurandum in pretio habere, cœtera non æstimari.

Nous trouvons de l'autre un exemple dans un arrêt de a Cour de Colmar de 1812 (1) : le prestataire se présente dans la synagogue en habits de prière, une large écharpe (taleth) aux coins effilés de laine bleue (tsitsitz), couvrant la tête et les épaules. Une courroie (tphilin) ceint la tête, et au milieu, devant le front est placé un cube en cuir contenant une prière ; une deuxième courroie est enroulée sept fois en spirale autour du bras gauche ; le prestataire tient l'une des extrémités dans sa main. Au milieu de la courroie à la saignée du bras, se trouve un autre cube en cuir. Le rabbin fait apporter le livre de la Loi (Thora), écrit sur un rouleau de parchemin enveloppé de soie et orné de plaques d'argent. Il le place sur une estrade. Il lit à deux reprises le verset : tu ne prendras pas le nom de Dieu en vain (*Deut.*, ch. 5) et explique au prestataire le serment et les malédictions qu'encourent les parjures. Le prestataire en présence du rabbin et de dix témoins juifs de son sexe, étend la main droite sur le verset et prête à haute voix le serment en termes solennels qui contiennent l'invocation du Dieu de vérité et l'imprécation pour le parjure.

Pour bien préciser la question, il faut éliminer certains points qui ne sauraient faire un doute sérieux : d'abord le serment prêté par l'israélite dans la forme commune sans opposition des intéressés est pleinement valable (2).

Ensuite il en est de même de la prestation *more judaïco*, sa forme spéciale n'étant qu'une solennité surabondante,

(1) *Journal des avoués*, t. 19, p. 380. Cf. Ducange, *Glossaire*, V° *Jurare* ; Benoit-Lévy, *Étude sur le serment more judaïco*, 1881.

(2) Cass., 10 juillet 1828, D. 28.1.329. L'arrêt donne la solution pour un juré, mais il en serait évidemment de même pour un témoin. Il a été jugé de même pour le serment d'un musulman au Sénégal, Cass., 16 décembre 1875, D. 77.1.413.

et ne faisant que donner une garantie plus forte de la sincérité du prestataire. Enfin l'israélite ne peut obliger le juge à recevoir le serment *more judaïco* et se refuser impunément à le prêter dans la forme commune. Comment concevoir en effet que le juge soit tenu de subir des formalités que la loi ne prescrit pas : l'apport d'une Bible, la prestation de serment à la synagogue (1).

Notre question est donc exactement la suivante : le juge, soit d'office, soit à la requête de la partie adverse, peut-il obliger à jurer *more judaïco* l'israélite qui se déclare prêt à le faire dans la forme ordinaire ?

La plupart des auteurs et des arrêts ont d'abord admis l'affirmative (2). On disait en ce sens : le serment est un acte religieux et la loi civile, en ne prescrivant pas de forme, a entendu se référer aux formes spéciales à chaque religion. D'ailleurs le serment ne deviendrait-il pas une formalité dérisoire pour ceux qui jureraient dans la forme commune alors qu'ils ne se croiraient tenus en conscience que par le serment propre à leur religion. Boncenne le dit avec force : « Le serment est une cérémonie destinée à porter la sanction religieuse au plus haut degré possible : or ce sera la plus vaine des cérémonies et la plus vaine des sanctions, si vous dispensez celui qui doit jurer des formes

(1) Le projet de réforme du Code de procédure civile, élaboré par le Conseil d'Etat, résolvait la question par une distinction : si la partie *déclare* que sa conscience religieuse exige l'observation d'un rite particulier, elle est admise à le suivre, pourvu qu'il soit compatible avec la forme judiciaire et la tenue de l'audience (art. 179).

(2) Toullier, Duranton, Rolland de Villargues, Favard, Carré, Rauter, Boncenne, Devilleneuve, Merlin au *Répertoire*, Morin, Delvincourt, Zachariæ, Aubry et Rau, 1re édition, Bioche, Bonnier. — Nancy, 15 juillet 1808, S. 1809.2.237; Turin, 15 juin 1811, S. 1816.2.55, S. 1828. 2.131 ; 1831.2.151 ; 1846.2.138.

et des invocations que sa croyance a créées.. ou alors supprimez le serment, ne faites lever la main à personne puisque la foi des uns y serait engagée et celle des autres point. »

Enfin c'était la solution admise en droit romain (1) ; c'était celle que les israélites eux-mêmes avaient demandée et obtenue par lettres patentes du 10 juillet 1784, celle qu'ils pratiquaient constamment entre eux.

Quoi qu'il en soit, depuis la déclaration des droits de l'homme, et pendant toute la période intermédiaire, les israélites avaient été soumis au même régime que les autres français, mais en 1805, de nombreuses accusations d'usure mirent en mouvement les foudres impériales. Une lettre du grand juge au procureur impérial de Mayence, et datée du 26 novembre 1806, lui enjoint de faire prêter aux israélites le serment *more judaïco*. Cette lettre s'appuie en droit sur le caractère religieux du serment; elle prétend même faire application du principe de la liberté des cultes. En fait, le ministre déclare « qu'elle s'accorde parfaitement avec l'état actuel des choses », ce qui est une allusion aux faits d'usure signalés (2).

Des décrets du 30 mai 1806, du 17 mars 1808 édictèrent en ce sens des dispositions temporaires qui ne furent pas d'ailleurs renouvelées.

Mais en sens contraire les grands rabbins, d'abord en 1826, puis en 1844, déclaraient que le serment prêté par un israélite, dans quelque cas et en quelque lieu que ce fût, en prononçant les mots : je jure, suivant la forme gé-

(1) D. 12.2, *De jurej.* L. 5.1 : « Jurejurando quod propria superstitione juratum est, standum. »
(2) V. S. 1814.2.18.

néralement en usage en France, était pour lui un acte religieux qui avait toute la force et toute la rigueur du serment et qui l'obligeait en conscience à dire la vérité, et ce, sans qu'aucune autre intervention, aucune formalité, ni cérémonie quelconque fût nécessaire. On répondait bien que cette décision n'avait pas encore éclairé tous les israélites qui, accoutumés au serment *more judaïco*, ne se croyaient liés que par lui, tellement qu'entre eux ils exigeaient toujours cette forme (nombreux arrêts des Cours de Nancy et de Colmar). Néanmoins les déclarations solennelles des rabbins, par leur autorité et leur sincérité incontestables, ébranlaient fortement le second argument de l'affirmative.

Mais la négative avait d'autres arguments.

Elle pouvait justement répondre à la même idée de la doctrine adverse que si le serment est bien un acte religieux, et dans son essence et même dans sa forme, c'est en tout cas la loi civile qui seule règle cette forme religieuse. Si la loi civile est généralement muette sur cette forme, ce n'est pas pour s'en référer aux cérémonies variables des diverses confessions, mais pour laisser subsister les usages traditionnellement suivis. Si les formes que consacrent ces usages sont simples, n'est-ce pas là une des nombreuses manifestations de la décadence du formalisme qui caractérise toutes les législations modernes, et n'est-ce pas précisément pour qu'elles puissent convenir à toutes les confessions religieuses ?

A vrai dire la loi a implicitement consacré l'existence d'une forme de serment commune à tous ; l'exigence du serment *more judaïco* serait donc l'admission arbitraire d'un cas de suspicion légitime à l'égard de certains citoyens, une violation du principe de l'égalité des Français devant la loi. C'est là le pivot inébranlable du système de la négative.

Il y a toutefois une autre raison qui, pour être d'importance moindre, ne saurait être passée sous silence. En imposant le serment *more judaïco* on porte une atteinte, assez indirecte il est vrai, au principe de la liberté des cultes. Il paraît singulier tout d'abord qu'on viole la liberté de religion de quelqu'un en lui demandant un serment conforme à sa croyance. Mais c'est que cette demande suppose une inquisition que le principe de liberté des cultes n'admet pas. Comme le disait Crémieux en 1827 devant la Cour de Nîmes : « Je professe ma religion avec une entière liberté. Cela veut dire : j'ai la religion que je veux. Je la professe si je veux et quand je veux. Par suite je n'ai pas besoin de faire connaître aux autres, et les autres n'ont pas le droit de me demander quelle est ma religion : c'est un compte que je ne dois à personne, pas même à la loi. »

La théorie de l'affirmative, longtemps dominante, perdit ainsi peu à peu du terrain, sous la poussée de ces idées libérales et enfin en 1846 la Cour de cassation fixa la jurisprudence dans le sens de la négative (1). Merlin qui adoptait l'affirmative dans son *Répertoire* l'avait déjà abandonnée dans ses *Questions de droit.* La plupart des auteurs les plus modernes sont aussi en ce sens (2).

Toutefois, même après l'arrêt de 1846, la Cour d'Alger a continué d'appliquer aux israélites algériens la théorie affirmative. Il est vrai que, moins éclairés que les israélites

(1) Cass., 3 mars 1846, S. 1846.1.193 ; D. 46.1.101. Rapport du conseiller Thil ; Besançon, 15 janvier 1847, S. 47.2.142 ; Cass., 16 juin 1869, S. 69.1.377.

(2) Marcadé, Massé et Vergé, Larombière, Chauveau, Aubry et Rau.

français, ceux-là n'ont jamais cessé de pratiquer le serment *more judaïco* (1).

La question que nous avons résolue pour les Israélites devrait l'être dans le même sens pour les Mahométans, à qui leur religion prescrit de jurer la main étendue sur le Coran (2).

Deuxième question : — Le serment est-il exigible des personnes dont la religion ne l'admet pas?

Certaines sectes religieuses qui observent à la lettre la recommandation du Christ : *ne jurate omnino*, se trouvent dans ce cas ; tels sont les Quakers, les Anabaptistes, Mennonites, Sociniens, Vaudois ou Cathares, Wiclefites, Pélagiens, Rascolniques. Dès 1791, les quakers avaient demandé à la Constituante d'être dispensés du serment civique, de le remplacer par une affirmation. Mirabeau leur fit bon accueil et admit même que leur affirmation était religieuse comme un serment: « Vous n'avez pas pris Dieu à témoin mais vous avez attesté votre conscience, et une conscience pure n'est-elle pas un ciel sans nuages? cette partie de l'homme n'est-elle pas un rayon de la divinité? » Idée absolument fausse, car toute affirmation, étant réputée partie de la conscience, serait religieuse.

En tout cas la requête fut oubliée.

Mais, dès le commencement du siècle, la jurisprudence décida que l'affirmation en leur âme et conscience des quakers était « l'équivalent » d'un serment et qu'elle devait être admise (3). La même solution a été implicitement re-

(1) *Sic* : trib. Alger, 17 juillet 1856, *Journ. des Avoués*, t. 81, p. 660. Le tribunal ordonne de prêter un serment décisoire à la synagogue.

(2) Cass., 15 février 1838, D. 38.1.102 ; Cass., 16 décembre 1875, D. 77.1.413.

(3) Bordeaux, 14 mars 1809 et Cass., 28 mars 1810, S. 10.1.226.

connue pour les anabaptistes par la Cour de cassation (1) et tout récemment pour les Evangélistes Baptistes par le tribunal de Montbéliard (2).

Elle est enfin adoptée par les auteurs.

Elle nous paraît cependant inexacte. Les mêmes raisons qui nous ont fait repousser l'exigence du serment *more judaïco* militent ici pour soumettre les quakers et autres à la forme commune du serment. La loi civile seule règle cette forme et cette loi est égale pour tous les justiciables. Parlera-t-on d'atteinte à la liberté des cultes? Mais c'est une atteinte légitime puisqu'elle a sa source dans la loi qui prescrit le serment. D'ailleurs comment empêchera-t-on n'importe qui de se prétendre quaker pour échapper au serment ordinaire : on a répondu qu'il fallait être notoirement quaker ! Mais alors il faudra scruter les croyances de chacun : la voilà l'atteinte injustifiée au principe de la liberté de conscience. Et puis, les athées, à qui nous allons voir qu'on refuse le droit d'affirmer au lieu de jurer, ne seront-ils pas fondés à crier à l'injustice, à l'inégalité ? Leur croyance, toute négative de religion qu'elle est, peut être aussi sincère et respectable qu'une autre. Ne pourront-ils pas dire qu'on fait de l'adhésion à une secte religieuse la source d'un privilège (3) ?

Affaire Jona Jones, plaidoyer de Lainé (V. *Annales du barreau français*), conclusions de Merlin.

(1) Cass., 27 septembre 1883, *Bulletin*, n° 237.

(2) 1er juin 1898, *Gaz. Pal.*, 1898-2, p. 5.

Ces sectaires témoignent par un « coup de main » et un oui ou un non.

Le jugement se fonde sur cette étrange doctrine que la formule *je le jure* n'a rien de sacramentel et d'obligatoire.

(3) C'est sans doute ce qui fait dire à M. Glasson que « la pratique constante aujourd'hui, suivant laquelle ces sectaires sont dispensés du

Troisième question : — Le serment est-il exigible de ceux qui n'ont aucune croyance religieuse ?

Personne ne l'a jamais nié et les positivistes, rationalistes, libres-penseurs, athées, qui ont refusé le serment se sont vu immédiatement appliquer par les tribunaux les conséquences de leur refus (perte du procès, amende des art. 263, C. pr. civ., 80 et 396, C. instr. cr., suivant les cas). En consacrant le serment, le Code a implicitement imposé l'accomplissement d'un acte religieux. Il n'y a pas à dire que c'est une violation du principe de la liberté de conscience : c'en est simplement une limitation légale, à laquelle il faut obéir.

Il ne s'agit ici bien entendu que du for extérieur ; le tribunal ne peut qu'imposer le respect de la forme du serment sans pouvoir pénétrer dans le domaine intérieur des croyances du prestataire. Le principe de la liberté de conscience et des cultes le lui interdit.

Preuve de la prestation.

Conformément au principe connu, la prestation non authentiquement constatée est réputée omise (1). En matière civile, s'il s'agit d'une enquête ordinaire, le greffier en dresse procès-verbal dans le cabinet du juge-commissaire ; si l'enquête a lieu devant le juge de paix ou le conseil de prud'hommes, est sommaire ou commerciale il y est procédé à l'audience et un procès-verbal n'est dressé que si la cause est susceptible d'appel, non au cas con-

serment, a été introduite par esprit de tolérance et qu'elle n'est pas conforme à la rigueur de la loi » (*Eléments de droit français*).

(1) Cass., 3 mai 1887, S. 90.1.300. Est insuffisante la mention faite

traire (1). Ainsi dans les deux premiers cas, la constatation du serment sera faite au procès-verbal, et au troisième cas elle se trouvera seulement dans le jugement qui statue au fond (2).

En matière criminelle, à l'instruction, le serment doit bien être constaté au cahier d'information (art. 76, C. inst. cr.), mais cette mention n'a pas grand intérêt puisque ce serment n'est pas prescrit à peine de nullité ; en simple police et en correctionnelle le greffier tient note de ce qui se passe à l'enquête (art. 155, 159, C. inst. cr.) : la preuve de la prestation résultera de la mention, soit dans ces notes d'audience signées du greffier (3), soit dans les qualités du jugement (4). En Cour d'assises, la mention au procès-verbal de la séance est seule admise (5).

D'ailleurs la constatation n'est toujours valable que si elle résulte soit de la répétition littérale des formes légales, soit du visa de l'article qui les prescrit (6).

au plumitif. Ces écritures faites par le greffier à l'audience n'ont aucun caractère authentique.

(1) Articles 40, 275, 410, 411, 432 du Code de procédure civile, articles 52, 53, Décr. 11 juin 1809.

(2) Cass., 26 juin 1889, D. 90.1.135 ; Cass., 21 mars 1893, D. 93.1. 384 ; 5 juillet 1893, D. 93.5.532 ; Cass., 6 novembre 1895, D. 96.1.87.

(3) Cass., 5 avril 1895, *Bulletin*, p. 190.

La jurisprudence n'exige pas substantiellement que ces notes soient visées par le président.

(4) Cass., 9 décembre 1887, *Bulletin*, n° 420.

(5) Cass., 26 mars 1896, *Bulletin*, n° 118.

(6) Cass., 22 mars 1894, *Bulletin*, n° 77.

Ainsi n'est pas suffisamment précise la mention que « toutes les formalités prescrites par la loi ont été remplies (V. Cass., 24 mars 1893, D. 95.1.327 ; 19 octobre 1896, D. 97.1.606 ; 18 juin 1897, *Bulletin*, n° 206).

Cependant la Cour de cassation a admis que la constatation pouvait encore ressortir, en dehors des deux modes indiqués, des diverses mentions du procès-verbal (Rej., 25 mars 1880, *Bulletin*, n° 66).

Les constatations doivent en outre être renouvelées au procès-verbal de chaque séance (1) si l'enquête dure pendant plusieurs séances, alors même qu'il y aurait plusieurs séances par jour, car les procès-verbaux n'ont pas entre eux de référence nécessaire. Seulement les procès-verbaux subséquents pourraient se contenter d'une mention sous forme de simple renvoi au premier procès-verbal (2).

Une mention générale suffit du reste pour constater la prestation du serment de tous les témoins (3).

Enfin quand les constatations sont régulières, la prestation est prouvée jusqu'à inscription de faux (4).

Sanction du défaut de serment.

Le défaut de serment résulte comme toujours du défaut de constatation, et la prestation irrégulière, qui résulte d'une constatation irrégulière, est assimilable au défaut de prestation (5).

La déposition est nulle et le jugement de même s'il en fait état, ou si du moins « la décision ne trouve pas une base légale suffisante dans les autres éléments de la cause (6) ». Par exception aucune nullité n'est encourue

(1) Cass., 28 avril 1882, *Bulletin*, n° 106.

(2) Cass., 16 décembre 1852, *Bulletin*, n° 407.

(3) Cass., 28 septembre 1865, *Bulletin*, n° 186.

(4) Cass., 18 mai 1865, *Bulletin*, n° 115.

Mais cette force probante serait infirmée dans l'hypothèse déjà signalée où sur les conclusions de la défense, la Cour rendrait un arrêt déclarant qu' « elle n'a aucun souvenir que le serment ait été prêté ». Cass., 5 septembre 1895, D. 96.1.505.

(5) Cass., 27 novembre 1896. *Bulletin*, p. 526 ; 24 mars 1893, *Bulletin*, p. 129 ; 6 décembre 1894, *Bulletin*, p. 472. Arrêts extrêmement nombreux.

(6) Cass., 11 juin 1884, D. 84.1.320 ; 30 janvier 1897, *Bulletin*, p. 57, etc., etc.

pour une déposition devant le juge d'instruction, mais une simple amende de 50 francs est prononcée contre le greffier sans préjudice de la prise à partie contre le juge d'instruction (art. 77, Inst. crim.) ; c'est que les témoignages recueillis à l'instruction ne sont que des éléments provisoires, utiles à la poursuite, mais non décisifs de la conviction du juge (1).

La formalité du serment est substantielle et la nullité qu'entraîne son omission est d'ordre public. En conséquence les parties ne sauraient la couvrir par une ratification expresse ou tacite ; elles peuvent la proposer après une défense au fond (2), en appel, en Cassation (Inst. crim., art. 408 et 415, L. 27 novembre 1790, art. 3) ; toutes les parties peuvent l'invoquer, même celle au profit de qui le témoin déposait (3).

Le refus de serment du témoin entraîne contre ce dernier des conséquences particulières analogues à celles que nous avons vues pour les jurés.

L'article 80 du Code d'instruction criminelle condamne le témoin non comparant à une amende de 100 francs au maximum, en matière civile les articles 263 et 264 du Code de procédure civile prononcent la même peine, outre un minimum de dommages-intérêts de 10 francs au profit de la partie. Enfin l'article 355, 3e alinéa du Code d'instruction criminelle prononce l'amende de l'article 80 contre le témoin qui refuse le serment en Cour d'assises. On admet donc que cette amende s'applique à tout témoin qui refuse le serment comme l'article 396 du Code d'instruction criminelle à tout juré qui fait le même refus.

(1) Cass., 26 juin 1884, *Bulletin*, nº 208.
(2) Bourges, 8 juin 1887, D. 88.2.195.
(3) Cass., 1er décembre 1877, *Bulletin*, nº 252.

Mais le témoin refusant n'aura jamais à supporter aucun frais de procédure : son refus n'entraîne aucun renvoi, on passe outre aux débats.

Il serait seulement passible d'une action en dommages-intérêts de la partie qui eût profité de sa disposition.

Faux témoignage.

Dans la conception de notre droit positif, le faux témoignage n'est pas autre chose que le faux serment du témoin. C'est une déposition sous serment de faits faux, susceptibles de nuire ou de profiter à l'une des parties, et non rétractés.

En conséquence, ne sont pas de véritables témoins et ne sont pas punis des peines du faux témoignage ceux qui sont entendus à titre de simple renseignement et sans prestation de serment : les condamnés des articles 34 et 42 du Code pénal, les personnes entendues en vertu du pouvoir discrétionnaire. Il y a plus, les mineurs de 15 ans sont cependant de véritables témoins, mais ne prêtant pas serment ils ne sont pas sujets aux peines des faux témoins. Et cependant il est certain que la déposition de ces personnes peut, aussi bien que celle d'un témoin ordinaire, amener la condamnation de l'une des parties : conséquence déplorable de notre vieille théorie qui ne voit de faux témoignage que là où il y a parjure. Il est également remarquable que la déposition à l'instruction criminelle qui peut valablement être reçue sans serment n'est pas sanctionnée par les peines du faux témoignage (1).

(1) Locré, t. 30, p. 530. Cass., 31 janvier 1859, D. 59.1.439.

La pénalité du faux témoignage a été sans cesse en s'atténuant à travers les siècles. Primitivement les Romains le punissaient de la peine capitale (1), plus tard de l'exil, de la transportation dans une île ou de l'exclusion de la curie (2), enfin sous Justinien d'une peine arbitraire (3). Chez les Francs et les Germains celui qui avait fait un faux témoignage devait fournir une composition (L. Bav., tit. 16, ch. 5 ; L. Rip., tit. 50 ; L. Sal., tit. 51, ch. 3). Dans notre ancien droit l'édit de mars 1532 déclarait que les faux témoins « seront punis et exécutés à mort telle que les juges l'arbitreront selon l'exigence du cas ».

Les auteurs et la jurisprudence interprétèrent ce texte en ce sens que la peine de mort n'était prononcée que si le faux témoignage avait été de nature à faire condamner l'accusé lui-même à la peine de mort (4). Le Code pénal de 1791 variait la peine de 6 ans de « gêne » en matière civile à la mort en matière criminelle. Le Code de 1810 prononçait une peine criminelle (travaux forcés ou réclusion). La révision de 1832 et la loi du 13 mai 1863 y apportèrent des adoucissements, de sorte qu'aujourd'hui il n'y a plus de peine criminelle que si le faux témoignage a été porté en matière criminelle (art. 361 à 364, C. pén.).

Quatre peines sont prononcées : la réclusion, l'emprisonnement, l'amende, l'interdiction des droits civiques, civils et de famille. Ces peines sont graduées suivant l'im-

(1) Aulu-Gelle (20.1) d'après les XII Tables, qui falsum testimonium dixisse convictus esset, e Saxo Tarpeio dejicitur.

(2) *Sentences de Paul*, 5.15.5.

Le même texte est inséré au Digeste mais avec une interpolation probable de (Testibus, 22.5, L. 16).

(3) D'après l'interpolation probable du texte précité : a judicibus competenter puniuntur.

(4) Muyart de Vouglans, *Lois criminelles*, p. 264 ; Jousse, 3, p. 418.

portance des matières dans lesquelles se produisent les dépositions : en simple police, en matière civile et correctionnelle, en matière criminelle, avec une aggravation générale quand le faux témoin a reçu de l'argent, une récompense, une promesse quelconque.

SECTION IV. — **Serment des experts.**

Les experts eux aussi sont de précieux auxiliaires de la justice. En raison de l'infinie variété des affaires qui se présentent chaque jour devant les tribunaux et quelque étendues que soient les connaissances extra-juridiques des magistrats, l'examen des faits techniques nécessitera souvent l'intervention de personnes ayant une compétence spéciale. Mais, dans la société, quelque spéciale que soit la question à élucider, il y a toujours une classe plus ou moins nombreuse de personnes compétentes à cet effet. A ce point de vue le rôle de l'expert dans un procès est moins important que celui du témoin. Ce dernier connaît des faits passés qui n'ont laissé de traces que dans la mémoire de quelques personnes et quelquefois de lui seul. L'inaccomplissement de son devoir l'expose donc à une sanction, tandis que l'expert est libre de refuser la mission qu'on lui confie.

Quels experts prêtent serment.

L'expert est une personne chargée par un jugement interlocutoire d'examiner des faits litigieux et de formuler un avis (302, Proc. civ.). Ainsi n'est pas un expert la personne appelée au cours d'un débat à donner un concours matériel (1). Celle qui fournit un renseignement sur un

(1) Cass., 18 avril 1833, *Bulletin*, n° 143 : armurier appelé pour dé-

point de son art ou de sa science est un témoin, de même que le gendarme qui joint un plan à son procès-verbal, ou que l'expert qui rend compte de sa mission ou apporte des explications complémentaires (1).

Sauf le cas où le président de la Cour d'assises en vertu de son pouvoir discrétionnaire lui demande des renseignements (2), tout expert doit prêter serment (3), en toute matière : civile et commerciale (305, 307, 309, C. proc. civ.), criminelle (44, C. inst.cr.), administrative (L. 22 juillet 1889, art. 16 et dès avant cette loi : Conseil d'Etat, 24 juin 1881, D. 82.3.115). Il devrait en être ainsi même dans les cas d'urgence en référé : mais la Cour de cassation admet qu'en pareil cas le juge peut dispenser l'expert du serment (4).

En pratique la plupart des tribunaux dressent à l'avance une liste de personnes honorables et ayant une compétence spéciale, parmi lesquelles ils choisiront un expert dans chaque affaire. Ces personnes prêtent à l'avance le serment d'expert pour toutes les affaires dont le tribunal les chargera. Ce procédé usité dans les instances en référé (5) et

charger une arme. Cass., 20 mai 1837, D. 38.1.429 : ingénieur chargé de dresser un plan, alors même qu'il en serait fait des reproductions à l'aide de la lithographie.

(1) Cass., 31 décembre 1885, *Bulletin*, n° 374. Il n'est plus alors que témoin (Cass., 15 décembre 1892, D. 94.1.254).

(2) Cass., 14 septembre 1893, D. 95.1.433, note Sarrut. Dutruc, *Journal du ministère public*, 1893, p. 237. *Adde* : le commissaire-priseur appelé à donner un avis sur la valeur d'un objet mobilier, Ord. 26 juin 1816, art. 3.

(3) Cass., 31 janvier 1896, *Bulletin*, n° 46 ; 28 décembre 1893, D. 96.1.505.

(4) Cass., 15 juin 1874, D. 76.1.67 ; *Adde* : D. 89.1.207, note de M. Glasson.

(5) Dans la pratique on dit alors que l'expert est « dispensé d'office du serment » ce qui est évidemment une formule vicieuse.

d'ailleurs extra-légal, permet d'éviter les lenteurs et les frais qu'entraîne dans l'expertise la prestation de serment exigée dans la loi. Mais il montre aussi le cas qu'on fait de ce serment. Le tribunal reste libre bien entendu de choisir un expert en dehors de la liste.

Moment de la prestation.

Toute la raison d'être du serment étant de garantir l'impartialité de l'expert dans sa mission, il est essentiel que la prestation ait lieu avant toute opération ; ainsi il serait trop tard au moment de rendre compte au tribunal (1).

Une seule prestation suffit en général pour toutes les opérations auxquelles un expert est appelé dans une affaire, pour un supplément de rapport, pour des opérations complémentaires (2). Mais au grand criminel un nouveau serment serait dû si, à une expertise de l'instruction, succédait une autre expertise pendant les débats oraux de la Cour d'assises (3).

Devant qui se prête le serment.

En matière civile le jugement interlocutoire qui ordonne l'expertise commet un juge pour recevoir le serment (4).

(1) Cass., 17 mars 1864, *Bulletin*, n° 71 ; 28 décembre 1893, *Bulletin*, n° 373. Nous ne saurions souscrire à la jurisprudence du Conseil d'Etat qui estime que le vœu de la loi est suffisamment rempli par une prestation antérieure à l'avis formulé (C. d'Et., 8 décembre 1893, D. 95.3.8).

(2) Rej., 16 juin 1874, D. 75.1.165.

(3) Cass., 27 décembre 1878, D. 79.1.190 ; 26 juin 1884, *Bulletin*, n° 212. *Adde* note s. D. 95.1.213.

(4) Art. 305, Pr. civ. En matière de faux et de vérification d'écritures, V. art. 196, 204 et 236, 3°.

Mais souvent quand le lieu où il doit être procédé à l'expertise est éloigné, le tribunal nomme des experts de ce lieu, et pour éviter de les faire venir au siège du tribunal pour prêter serment, il délègue à cet effet le juge de paix du canton du lieu (1).

Dans tous les cas, la partie la plus diligente adresse une requête au juge pour fixer les jour et heure de la prestation (2). En vertu de l'ordonnance mise au bas de la requête on fait sommation aux experts de se présenter au serment aux jour et heure fixés (3).

En général quand l'expert est nommé par le jugement ou l'ordonnance d'un juge unique, il prête serment devant ce juge : ainsi en justice de paix sur l'interlocutoire ordonnant l'enquête, la partie requiert du juge de paix une cédule de citation qui contient les jour et heure où les experts doivent se présenter au serment devant le juge (art. 28, 29 et 42, Pr. civ.). Il en est de même de l'expert nommé par le juge d'un ordre (757, Pr. civ.).

Mais dans une levée de scellés, l'expert chargé par les parties ou par le président du tribunal d'assister à la levée et à l'inventaire, jure devant le juge de paix (935, Pr. civ.).

Quant aux experts nommés par jugement pour l'estimation dans une vente d'immeubles de mineurs, ils jurent

(1) Art. 305, Pr. civ. *Adde*, art. 1035 dont l'art. 305 n'est qu'une application.

(2) En pratique on s'informe du moment qui convient à l'expert et on le propose au juge dans la requête.

(3) La sommation pourrait être remplacée par la simple signification de l'ordonnance et même aucun acte n'est nécessaire pourvu que l'expert se rende à la prestation. Quant à la partie adverse sa présence n'étant pas nécessaire, on admet que la signification de l'ordonnance à son avoué est suffisante.

soit devant le président du tribunal, soit devant un juge de paix commis par lui (956, 971, Pr. civ., 466, C. civ.) (1).

En matière criminelle, les officiers de santé appelés à faire un rapport à titre d'experts sur la mort de la victime prêtent serment devant le procureur de la République (art. 44, Inst. cr.). Mais aucun texte ne régit les autres cas ; nous pensons que les indications ci-dessus données leur sont applicables, car la jurisprudence qui déclare étrangères à l'expertise criminelle les règles de l'expertise civile (2), ne paraît pas songer à la prestation du serment. En tout cas, elle décide que l'expertise peut être ordonnée hors de l'audience et sans y appeler l'accusé (3).

En matière administrative, le conseil de préfecture a le choix de l'autorité devant laquelle les experts devront jurer (art. 16, L. 22 juillet 1889).

Forme de la prestation.

Le serment des experts n'offre à cet égard aucune particularité.

Quant à la formule, elle n'est déterminée que dans quelques cas particuliers : serment « de bien et fidèlement remplir leur mission » (art. 466, C. civ.), « de faire leur rapport et de donner leur avis en leur honneur et conscience (art. 44, Inst. cr.) (4). Dans les autres cas, les mots

(1) *Adde*, art. 414, C. com., en cas de jet en mer, art. 453, C. civ., pour l'expert chargé d'estimer les meubles du mineur quand les père et mère, administrateurs légaux des biens de l'enfant, usent de la faculté de garder ces meubles en nature.

(2) Cass., 12 mars 1857, D. 57.1.182 ; Cass., 30 mars 1860, D. 61. 5.203.

(3) Cass., 2 janvier 1858, D. 58.1.47.

(4) Cf. en droit romain la formule contenue au Code, *de fide instru-*

« je le jure » communs à tout serment restent bien substantiels, mais les termes qui fixent l'objet du serment n'étant pas indiqués, on ne peut dire qu'il y ait une formule sacramentelle exigée à peine de nullité (1).

Rien n'impose enfin que la prestation ait lieu pour tous les experts dans la même séance. D'autre part, n'étant que trois au maximum, ils peuvent prêter serment collectivement (2).

Preuve de la prestation.

Elle doit résulter du procès-verbal dressé par le greffier (Pr. civ., art. 42, 204, 315, 757 ; Inst. cr., art. 45), et, dans les cas où il n'y a pas de procès-verbal, du jugement qui statue au fond (Pr. civ., art. 43) (3).

Dans les hypothèses ordinaires où il n'y a pas de formule sacramentelle, la mention que l'expert a prêté serment suffira (4).

Sanction du défaut de prestation.

L'expertise est nulle ainsi que le jugement qui s'ensuivrait et en ferait état (5).

ment., 4.21, l. 20 (Justinien) § 3 « neque lucri causâ neque inimicitiis neque gratia tenti hujusmodi faciunt comparationem ». Il s'agit d'experts nommés pour vérifier un écrit dont l'authenticité est contestée.

(1) Cass., 2 août 1888, *Bulletin*, n° 260 ; Cass., 24 octobre 1889, *Bulletin*, n° 319.

(2) Cass., 29 août 1833, *Bulletin*, n° 447.

(3) Cass., 7 janvier 1897, *Bulletin*, n° 1.

(4) Cass., 20 janvier 1893, D. 95.1.213 et la note.

(5) Cass., 8 avril 1892, D. 92.1.549 et la note ; Cass., 7 janvier 1897, *Bulletin*, n° 1. Le jugement est même censé faire état de l'expertise quand il n'a pas exclu cet élément d'appréciation (Cass. crim., 26 juin 1863, *Bulletin*, n° 180).

En matière criminelle, cette nullité est d'ordre public. Les parties ne peuvent pas renoncer à la garantie du serment (1). Mais en matière civile ce caractère de la nullité, si conforme à la notion traditionnelle du serment, est abandonné. On oublie la vieille idée suivant laquelle le serment confère à l'expert son « caractère » : on le regarde comme une simple garantie d'impartialité que la loi prescrit dans l'intérêt privé des parties, mais à laquelle celles-ci sont libres de renoncer. Elles le peuvent soit expressément, soit tacitement, soit avant, soit pendant les opérations, soit qu'elles aient choisi les experts, soit qu'ils aient été nommés d'office (2).

Refus de serment.

L'expert, nous l'avons dit, n'est pas tenu d'accepter la mission qu'on lui confie. Sur son refus exprès ou tacite, il n'y a qu'à en nommer un autre. Mais s'il avait déjà accepté, ou s'il s'agissait d'un expert assermenté à l'avance pour toutes les opérations que le tribunal lui confiera, il ré-

(1) *Sic* : Faustin-Hélie, *op. cit.*, t. 4, n° 1896 ; Dalloz, *Sup.*, V° *Expert*, n° 183. — *Adde* : Nouguier.

Le serment que ferait plus tard l'expert comme témoin en rendant compte de sa mission ne couvrirait pas le défaut de serment d'expert (C. Revis. Paris, 3 février 1890, *Gaz. Trib.*, 8 avril ; Cass., 6 février 1882, *Bulletin*, n° 45). Toutefois le défaut de serment de l'expert à l'Instruction criminelle serait couvert par l'arrêt de renvoi (Rej., 8 mai 1884, *Bulletin*, n° 158).

(2) D'ailleurs les tribunaux qui prononcent souvent la dispense de serment ne font qu'interpréter, mais souverainement, l'accord des parties (Rej., 21 janv. 1874, D. 74.1.494 ; Cass., 4 mai 1891, D. 92.1. 388). Ils ne peuvent dispenser d'office (Cass., 14 juillet 1857, D. 57.1. 398. *Adde* : Douai, 2 novembre 1895, D. 96.2.95).

Comme cas de ratification tacite, notons le fait de prendre part sans protestations, ni réserves spéciales aux opérations de l'expertise.

pondra des frais frustratoires et du préjudice qu'il occasionne aux parties par son refus tardif (316, C. proc. civ., 1382, C. civ.).

Dans le cas particulier de l'article 44, Instruction criminelle, c'est-à-dire quand il y a flagrant délit et que le procureur de la République requiert le concours d'un expert pour constater une mort violente, la jurisprudence décide que la mission de l'expert est obligatoire et que son refus lui ferait encourir l'amende de 6 à 10 francs prononcée par l'article 475, 12° du Code pénal (1).

Effets du serment prêté.

La prestation constituant un cas d'acceptation tacite de la mission, l'expert, nous venons de le voir, ne pourra plus impunément y renoncer, sauf toutefois si la continuation de l'expertise lui faisait éprouver un préjudice considérable, en cas de maladie grave. L'expert est en effet un mandataire : l'article 2007 du Code civil est donc applicable.

En outre la prestation permet à l'expert de procéder dès lors valablement à ses opérations. Elle sert aussi de point de départ à son salaire correspondant à ses travaux. Mais aucun texte du Code pénal ne vise la violation de son serment, elle ne peut que faire naître une action en dommages-intérêts des parties.

(1) Cass., 1er février 1867, D. 67.1.191 ; 18 décembre 1875, D. 76.1. 462.

Ces arrêts déclarent que l'amende n'est pas encourue si l'expert est dans l'impossibilité de répondre à la réquisition.

SECTION V. — **Serment des interprètes et traducteurs.**

En Cour d'assises l'article 332 du Code d'instruction criminelle exige l'emploi d'un interprète, quand l'un des accusés ou témoins ne parle pas la même langue que les autres, et l'article 333, quand l'accusé ou témoin est sourd-muet et ne sait pas écrire : car alors il ne peut pas plus se faire entendre qu'une personne qui ne parle qu'une langue étrangère. Ces cas ne sont que des exemples, et il y aurait lieu à nomination d'interprète même si les accusés et témoins parlaient la même langue étrangère ou si on se trouvait devant toute autre juridiction que la Cour d'assises.

Il est de principe depuis le XVIe siècle (Ord. 1539, art. 111) que la langue française est seule admise pour produire un droit devant les tribunaux français. Peu importe même à notre sens que les parties et leurs conseils, le tribunal, le ministère public, le greffier, les témoins, les jurés comprennent la langue étrangère ; le principe de la publicité des audiences serait un vain mot si les citoyens qui entrent dans une salle d'audience ne pouvaient comprendre ce qui s'y dit et vérifier l'œuvre de la justice (1). A toute personne qui ne parle pas français, il faut un interprète comme à tout acte rédigé en langue étrangère, il faut un traducteur (L. 2 thermidor an II, art. 1).

Par son rôle d'intermédiaire l'interprète peut altérer la vérité et tromper la justice. La vie et la fortune des citoyens

(1) On ne saurait nous objecter l'arrêt de la Cour de Metz du 18 juin 1817 (Dalloz, *Rép.*, V° *Enquête*, n° 199), qui admet une déposition en langue étrangère si le juge et le greffier la comprennent ; car il s'agit ici d'une enquête ordinaire, c'est-à-dire non publique.

peuvent se trouver entre ses mains. Les conséquences de son infidélité, bien qu'impunies, sont aussi graves que celles d'un faux témoignage. Ayant imposé le serment au témoin, la loi devait donc logiquement faire de même pour l'interprète.

Quels interprètes sont soumis au serment.

Tous en principe. Mais la règle subit quelques exceptions. D'abord en matière commerciale et maritime les courtiers interprètes ont le monopole des traductions (C. com., art. 77, 80). C'est l'objet même de leurs fonctions, et pour elles ils ont déjà prêté un serment professionnel.

Ensuite il y a en Algérie et aux colonies un corps d'interprètes assermentés qui par leur serment général sont rendus aptes à traduire dans toutes les affaires où ils sont appelés (Ord. 26 septembre 1842, art. 22) (1).

Enfin près de nos tribunaux de France aussi, il y a des interprètes jurés ou traducteurs assermentés choisis par le président du tribunal ou de la Cour pour une ou plusieurs langues, sur le rapport d'un membre du tribunal, le ministère public entendu (2). Le tribunal est toujours libre de recourir à d'autres interprètes.

La nomination de l'interprète sera faite dans une instruction par ordonnance du juge chargé des opérations et devant le tribunal par un jugement interlocutoire.

L'interprète nommé sans restrictions pour une affaire peut remplir sa mission pour tous les témoins à charge ou

(1) Cass., 26 mars 1896, *Bulletin*, n° 112.
(2) Bioche, *Dict. de procédure*, V° *Interprète*.

à décharge (1) et pour tous les accusés parlant la langue étrangère : l'interprète n'est qu'un porte-parole.

Mais il ne peut traduire que les langues pour lesquelles il a été spécialement désigné. Nous pensons également que, nommé comme interprète oral, il ne peut de plein droit faire une traduction écrite et réciproquement. Les deux rôles exigent des capacités un peu différentes et peuvent ne pas être également bien remplis par la même personne.

Moment de la prestation.

Elle doit précéder toute opération à peine de nullité (arg. art. 332, C. instr. cr. et analogie).

Chargé de la traduction pour tout le procès, la prestation n'a pas besoin d'être renouvelée à chaque audition de témoin, ou à chaque pièce nouvelle (2). Spécialement en Cour d'assises, l'interprète, dont le ministère est nécessaire à l'accusé étranger lors du tirage du jury de jugement pour l'exercice du droit de récusation et qui dès ce moment est appelé à prêter serment, n'a plus à le renouveler pour les débats (3).

Mais il ne pourrait être chargé à l'avance de toute la série d'affaires de la session de la Cour d'assises, et s'il était nommé successivement dans chaque affaire il devrait pour chacune renouveler son serment (4).

Devant qui se fait la prestation.

En Cour d'assises l'interprète jure entre les mains du

(1) Cass., 14 mai 1840, D. 40.1.417.
(2) Rej., 26 mai 1842, D. 42.1.384.
(3) Cass., 31 janvier 1878, *Bulletin*, n° 29.
(4) Cass., 10 décembre 1836, D. 37.1.84.

président, qui l'a choisi (332, C. instr. cr.). En toute autre matière on appliquera ce que nous avons dit pour l'expert. Aucun texte n'exige la présence du ministère public et des parties (1).

Forme du serment.

Elle ne présente aucune particularité.

La formule de l'article 332 comporte le serment de « traduire fidèlement les discours à transmettre ». La jurisprudence admet que cette formule n'est pas sacramentelle et que ses termes peuvent être remplacés par des équivalents exprimant le même engagement (2). Cette solution, en contradiction avec celle qui est constamment admise pour les autres formules légales de serment, est avec raison critiquée (3).

Dans tous les autres cas la loi est muette sur la formule. Aucun terme n'est prescrit. Il dépendra donc de l'arbitraire des tribunaux d'annuler ou d'admettre un serment dont les termes lui paraissent ou non répondre à l'engagement de l'interprète.

Preuve.

Elle ne pourra toujours résulter que du procès-verbal, dressé, par le greffier du juge ou du tribunal qui a reçu le serment (4).

(1) Cass., 8 juin 1843, D. 43.1.402.

(2) Cass., 27 avril 1820; 15 avril 1824, Dal., *Rép.*, V° *Instruction criminelle*, n° 2347 ; Cass., 3 juin 1863, *Bulletin*, n° 155.

(3) Nouguier, *op. cit.*, t. 3, n° 1842 ; Faustin-Hélie, *op. cit.*, t. 8, 646.

(4) Le défaut de mention au procès-verbal pourrait cependant être

Les règles déjà vues pour les experts s'appliquent par analogie. Ainsi la mention que « le serment a été prêté » est suffisante en dehors de l'hypothèse de l'article 332 (1).

Sanction du défaut de serment.

L'article 332 prononce la nullité de toutes les traductions faites en l'absence de serment, en Cour d'assises. La solution serait la même en toute matière criminelle : la nullité est d'ordre public (Nouguier).

Mais, comme pour les experts, en matière civile on admet au contraire que les parties peuvent dispenser l'interprète de jurer et couvrir par une ratification expresse ou tacite, la nullité d'une traduction faite sans serment préalable.

Pour le refus de prêter serment ou de traduire, nous renvoyons à ce qui a été dit pour les experts. On étendra aux interprètes l'article 316 du Code de procédure civile, qui n'est en définitive qu'une application de l'article 1382 du Code civil. Seul l'article 44 du Code d'instruction criminelle est évidemment étranger aux interprètes.

Sanction de la fausse interprétation.

Elle donnera lieu à des dommages-intérêts (art. 1382, C. civ.). Mais le Code pénal ne la réprime pas : ce qui est une lacune regrettable. Des auteurs ont cherché à y suppléer en étendant les peines du faux témoignage.

corrigé par la production de pièces authentiques prouvant que le serment a été prêté (Cass., 5 août 1847, P. 48.1.91).

(1) D'ailleurs si l'interprète a été nommé en Cour d'assises dès le tirage du jury de jugement, c'est le procès-verbal de ce tirage qui doit mentionner le serment.

Le principe d'interprétation stricte qui s'impose en droit pénal doit faire repousser ce système, d'autant mieux que les rôles du témoin et de l'interprète sont nettement distincts. Le premier rapporte des faits qu'il a constatés par lui-même *de visu et auditu* ; son rôle est actif dans l'expression de ce qu'il sait. Le second n'est que le porte-parole, l'intermédiaire passif et pour ainsi dire mécanique entre l'écrit, le témoin ou l'accusé d'une part, et le tribunal de l'autre.

SECTION VI. — **Serment de l'usufruitier.**

Nos lois modernes ont consacré dans une seule hypothèse la survivance du serment promissoire ajouté à un engagement entre parties privées pour en assurer l'accomplissement.

C'est dans l'article 603 du Code civil (1). L'usufruitier qui ne peut fournir une caution, pourra cependant obtenir du tribunal le droit de conserver en nature, au lieu de les vendre et d'en employer le prix, les meubles nécessaires à son usage, et ce, sous sa simple caution juratoire (2),

(1) Le Droit romain connaissait bien d'autres cas de serment légal promissoire de droit privé, par exemple le serment du tuteur. Cet exemple subsiste dans le nouveau Code civil allemand, article 1789, « le tuteur s'oblige à une administration fidèle et consciencieuse. Cette obligation doit être contractée par un serrement de mains en guise de serment ».

(2) Nous avons déjà signalé l'inexactitude de cette expression. Elle vient d'un latinisme. Le mot *cautio* des Romains, à la différence de notre expression juridique française, pouvait s'entendre de toute espèce de garantie (Berriat St-Prix, *Eléments*).

c'est-à-dire en jurant de les représenter à l'extinction de l'usufruit.

C'est une mesure d'humanité en faveur du conjoint survivant pauvre, auquel le défunt ne laisse peut-être pour toute fortune que ces quelques meubles qui ont servi toute leur vie à leur usage commun (1). Faute de trouver une caution, on aurait arraché à l'usufruitier ces meubles pour les vendre, et le réduire à l'intérêt d'un prix de vente sans aucun rapport avec l'utilité qu'il retirait de l'usage des meubles en nature.

Dans une situation particulièrement pitoyable, la caution juratoire a pu paraître pour le nu-propriétaire le succédané suffisant d'une caution véritable (2).

Notre dispense est tirée de l'ancien droit coutumier. Mais elle y était appliquée d'une façon bien différente. D'abord elle était relative au douaire, c'est-à-dire à l'usufruit des immeubles du mari. Ce n'était pas un usufruitier quelconque, mais la femme survivante qui en jouissait. En outre la dispense était légale et non judiciaire. Enfin elle n'était accordée dans plusieurs coutumes importantes, que sous la condition résolutoire de viduité (Paris, Réf. de 1580, art. 264 ; Orléans, Réf. de 1583, art. 218; Calais, art. 63) (3).

(1) Locré, t. 4, p. 117, Discours de Cambacérès au Conseil d'Etat.

(2) Cependant certains auteurs ont vivement critiqué la disposition de l'article 603. « Cette exception, dit Hennequin (*Traité de législation*, « 1841, t. 2, p. 367) qui peut devenir la source de beaucoup de diffi- « cultés et qui porte en quelque sorte une atteinte à la nue-propriété « n'a pas été suffisamment réfléchie... On sacrifie les garanties de l'hé- « ritier aux convenances d'un étranger. Cette modification irrationnelle « des principes est destinée à s'effacer un jour. »

La critique semble exagérée si on considère que le tribunal est toujours libre d'accorder ou de refuser la dispense de caution.

(3) Au contraire les coutumes de Montfort (article 144), et de Mantes

Aucun texte ne règle les conditions de prestation de notre serment.

Nous pensons que le tribunal en accordant la dispense fait du même coup jurer l'usufruitier devant lui et dans la forme qui nous est déjà connue.

La violation du serment n'entraîne d'ailleurs aucune conséquence spéciale ; les effets de l'abus de jouissance de l'usufruitier s'appliquent purement et simplement.

(article 140), n'exigeaient pas cette condition. V. Pothier, *Traité du Douaire*, nos 221 et suivants.

CHAPITRE III

SERMENT AFFIRMATIF EN GÉNÉRAL.

Le serment affirmatif étant une déclaration relative à un fait passé, son utilité ne se fait sentir que si l'existence ou l'inexistence du fait est douteuse où contestée : il joue donc naturellement un rôle probatoire. A ce point de vue, il faut nettement distinguer le serment judiciaire et le serment extrajudiciaire. Dans le premier un litige est porté en justice et la loi règle l'administration des preuves, parmi lesquelles se trouve le serment, décisoire ou supplétoire. Mais les parties, maîtresses de leurs droits, restent évidemment libres de régler leur différend, en dehors de ce mode légal, par un serment conventionnel par exemple.

Dans le serment extrajudiciaire, il n'y a pas encore de litige, le serment n'est pas à vrai dire un mode de preuve.

Cependant il a toujours un caractère probatoire, car dans certains cas la loi l'exige comme garantie de sincérité d'un acte auquel elle attache la force probante, et quelquefois les particuliers s'en servent pour régler un différend qu'ils n'ont pas encore porté en justice.

Ainsi le serment qui est judiciaire ou extrajudiciaire peut être en même temps légal ou conventionnel. Pour tenir compte de ces deux distinctions parallèles, nous nous occuperons d'abord du serment légal extrajudiciaire, ensuite du serment conventionnel (judiciaire ou extrajudiciaire), enfin du serment judiciaire (décisoire ou supplétoire).

SECTION I. — Serment légal extrajudiciaire.

Cette espèce de serment a fort peu d'importance. La loi l'exige en dehors de toute contestation présente dans quelques cas particuliers, comme garantie de véracité et de sincérité d'un acte juridique auquel elle accorde force probante.

C'est ce qui se présente pour les procès-verbaux que dressent certains agents de l'administration. Ainsi les gardes champêtres et forestiers doivent dans les 24 heures affirmer devant le juge de paix ou le maire les procès-verbaux qu'ils ont dressés (1). Affirmé, ce procès-verbal fera foi en justice jusqu'à preuve contraire et même jusqu'à inscription de faux si la condamnation encourue ne dépasse pas cent francs ; non affirmé dans les 24 heures il est nul. L'affirmation, condition de validité du procès-verbal, est donc en même temps une des causes de sa force probante. Malgré le mot affirmation, on reconnaît traditionnellement qu'il s'agit d'un serment.

Dans d'autres hypothèses, la loi, sans qu'il soit facile d'expliquer cette différence, se contente d'une affirmation simple. Ainsi pour l'affirmation d'une créance en cas de faillite (2). La créance a été vérifiée, elle a été admise au

(1) Art. 165, Code forestier. Cet article est applicable aux gardes champêtres (Cass., 25 fév. 1887, *Bulletin*, 1879) ; *Adde* : pour les maîtres et contre-maîtres de la marine (art. 134, C. for.), pour le garde vente d'un adjudicataire de coupe de bois (art. 31, C. for.). V. dans Vallet et Montagnon, *Manuel des magistrats du parquet*, t. I, n° 127, l'énumération des procès-verbaux soumis à l'affirmation.

(2) Renouard, *Traité des faillites*, t. I, p. 546 ; *Adde* : art. 671, Pr. civ. : affirmation de la créance en cas de distribution par contribution ;

passif de la faillite. Néanmoins l'article 497, 3e alinéa du Code de commerce exige que le créancier l'affirme sincère et véritable entre les mains du juge-commissaire : l'admission peut en effet être le résultat d'une erreur ou d'une fraude qu'un dernier appel à la conscience du créancier peut faire découvrir. Si ce dernier affirme au contraire, il y a une chance de plus pour que l'admission ait eu lieu à bon droit. La jurisprudence décide même que la créance admise et affirmée ne peut plus être contestée, sauf le cas de fraude, tandis que la créance seulement admise peut toujours être repoussée (1). Enfin chose curieuse, la fausse affirmation de la créance est punie beaucoup plus sévèrement que le faux serment en matière civile (2).

Le serment est également requis dans une apposition de scellés, dans un inventaire de biens de succession, de la part des personnes qui habitent le lieu pour établir qu'elles n'ont rien détourné, ni vu ni su qu'il ait été rien pris ni détourné. Il est prêté entre les mains du juge de paix ou du notaire, et au moment de la clôture de l'apposition ou de l'inventaire ; il doit en outre être mentionné au procès-

art. 1456, C. civ., affirmation de la femme survivante que l'inventaire est sincère et véritable ; art. 413, C. com. en cas de jet à la mer ; art. 571, Pr. civ., en matière de saisie-arrêt ; art. 133, Pr. civ. en matière de distraction de dépens au profit de l'avoué (cependant un arrêt de Rome du 22 janvier 1811 y voit un serment, Dall. *Rép.*, V° *Frais et dépens*, n° 130).

(1) Cass., 23 février 1885, D. 85.1.413 ; 1er février 1888, D. 88.1.213 ; Montpellier, 1er décembre 1894, *Journal des Faillites*, 96.216.

Suivant cette jurisprudence l'affirmation jointe à l'admission constitue un contrat judiciaire opérant reconnaissance définitive de la créance.

(2) Art. 593-2°, C. com. ; 402, C. pén., travaux forcés à temps ; art. 366, C. pén., 1 à 5 ans de prison.

verbal. Son omission ne paraît pas d'ailleurs sanctionnée par la nullité (1).

SECTION II. — **Serment conventionnel.**

Nous ne pensons pas qu'il y ait lieu de distinguer comme le font tous les auteurs suivant qu'il y a ou qu'il n'y a pas procès et de parler de serment extrajudiciaire, au lieu de dire serment conventionnel ; dans tous les cas, que la justice soit ou non saisie du différend, les parties restent maîtresses de le trancher à leur gré par un simple accord de volontés et en particulier par un pacte de serment. Seulement on conçoit que le serment conventionnel ne soit guère pratiqué dans une instance, où chaque partie peut disposer du serment décisoire qui n'exige pas le consentement de l'adversaire.

Notre convention devra bien entendu réunir toutes les conditions de validité contenues au titre des obligations en général, et dont nous n'avons pas à faire ici l'étude. Mais il faut voir si d'après sa nature spéciale, elle ne doit pas remplir des conditions particulières.

Primus se prétend créancier de Secundus pour une somme de 1.000 francs. Secundus le nie, et Primus ne peut apporter la preuve de sa prétention, pas plus du reste que

(1) Pr. civ., art. 914-9° et 943-8°. Cf. 2073, C. civ. portugais de 1867. Cf. dans le nouveau Code civil allemand le serment de manifestation exigé des personnes qui ont à rendre compte d'une gestion, qui ont contracté l'obligation de livrer un ensemble d'objets. Le serment sert à déterminer les recettes opérées, les objets à livrer, en faisant un appel solennel à la bonne foi de la partie (art. 259, 260, 261, 2006, 2028, 2057).

Secundus ne peut établir qu'il n'est pas débiteur. En désespoir de cause, Primus fait à Secundus la proposition suivante : « Jure que tu ne me dois rien et je le tiens pour vrai ; mais si tu ne jures pas, paie-moi les 1.000 francs ». Secundus accepte cette offre. En sens inverse, Secundus peut faire à Primus une pollicitation analogue relativement à sa prétendue dette. Dans tous les cas la convention est synallagmatique et conditionnelle.

Il ne faudrait pas la confondre avec un pari. Dans ce contrat, même s'il est relatif à un événement passé, Primus ne s'engage pas à tenir pour arrivé le fait que Secundus jurera être arrivé, et à lui payer sur sa déclaration la somme de 1.000 francs. Mais au contraire pour gagner les 1.000 francs, Primus ou Secundus devra rapporter la preuve normale de l'arrivée ou de la non arrivée de l'événement.

La confusion n'est pas non plus possible avec un désistement ou un acquiescement, même conditionnel, et portant sur le fond du droit, car ce ne sont là que des engagements unilatéraux.

Notre convention est une transaction conditionnelle, car d'une part, conformément à l'article 2044 du Code civil, il y a un contrat par lequel les parties terminent une contestation née ou préviennent une contestation à naître ; et d'autre part les parties font un sacrifice réciproque. L'une pour s'assurer la chance de se voir reconnu comme droit ce qui n'est encore qu'une prétention, consent à courir le risque de voir, si une autre éventualité se réalise, crouler définitivement sa prétention.

Chaque partie s'engage sous une condition inverse : si Secundus ne jure pas, si Secundus jure. Ces conditions s'excluent l'une l'autre ; une seule peut se réaliser et par suite une seule obligation peut produire ses effets. Notre convention n'en est pas moins synallagmatique. Les parties se sont réellement engagées réciproquement (art. 1102, C. civ.). Ainsi lors de la formation du contrat la condition de cause était réalisée. Elle n'exige point que dans un contrat synallagmatique la condition soit la même pour les deux obligations et décide de leur sort *in globo*. Si la nature de la condition s'oppose à ce que les deux obligations puissent recevoir à la fois leur exécution, cela prouve seulement le caractère aléatoire de la convention. A ce point de vue en effet, la convention de serment doit être rapprochée du jeu ou du pari : le gain de l'une des parties entraîne nécessairement la perte de l'autre. La cause des obligations ne réside pas dans le gain réalisé, mais dans la chance de gain.

L'objet de la condition consiste dans le fait de l'une des parties, dans sa déclaration ou son silence. Il ne faudrait pas en conclure que la condition est purement potestative ce qui annulerait la convention (art. 1174, C. civ.). En général la condition : si je parle, est analogue à la condition si je lève le bras ; mais ici la parole attendue n'est pas un mot quelconque et arbitraire. C'est la vérité qu'on demande en faisant appel à la conscience morale et aux sentiments religieux du prestataire. En lui luttent le sentiment du devoir et de l'honneur, et celui des intérêts matériels : on ne peut dire qu'il soit absolument libre de jurer ou de ne pas jurer. Pour atteindre cette indifférence absolue qui rendrait la condition pure potestative, il faudrait supposer une perversité complète, suivant laquelle il n'est pas permis d'envisager *in abstracto* le serment. Si enfin la condition était pure potestative, s'il n'y avait aucune chance pour que le serment ne soit pas prêté, l'offre du *deferens* serait un acte absurde : il se vouerait de gaîté de cœur à une condamnation inévitable de sa prétention. Notre condition est donc simplement potestative et parfaitement valable.

Nous n'avons rien de particulier à signaler en ce qui concerne le consentement, l'objet et la cause. Quant à la capacité, celle d'aliéner est nécessaire (1) malgré l'effet déclaratif du serment prêté. Cet effet n'est qu'une fiction. En exigeant que le *deferens* et l'*accipiens* soient suffisamment capables, l'un de discerner si son adversaire mérite la confiance qu'il veut lui témoigner, l'autre pour ne pas accepter inconsidérément un serment dont la solennité l'arrêtera tout à coup au moment de la prestation, la loi donne une base solide à l'effet déclaratif. Déférer ou accepter le serment n'est pas aliéner, précisément parce que pour le faire il faut être capable d'aliéner.

On sait que dans quelques hypothèses le Code requiert une capacité particulière pour transiger (art. 2045, 2e alin., art. 467,472,513). Il en sera de même pour notre convention qui n'est qu'une transaction conditionnelle.

La même raison nous fait décider qu'elle doit être prouvée par écrit (art. 2044) (2), et qu'elle est soumise aux mêmes causes de nullité que la transaction (art. 2053 et sq.).

Au point de vue du délai de réalisation de la condition, qui suspend le droit de l'une ou l'autre des parties, il semble d'abord que l'incertitude serait susceptible de régner jusqu'au décès de celui qui doit jurer (art. 1176 et 1177, C.

(1) Ainsi la femme mariée sous le régime dotal et autorisée, est capable de s'obliger, mais non de prendre part à une convention de serment.

(2) Sans étudier la question les auteurs donnent une solution contraire (Dalloz, Demolombe, Garsonnet).

civ.). Mais cette solution est inadmissible comme contraire à la volonté expresse ou présumée des parties. Leur but, il ne faut pas l'oublier, est de terminer le différend. En l'absence d'un délai exprès, la prestation devra donc intervenir dans un délai raisonnable que les tribunaux apprécieront et après lequel le silence sera considéré comme un refus de jurer, sans que la partie puisse imposer une prestation tardive.

La prestation doit essentiellement être faite en personne, *corporaliter*, et avec la formule substantielle : je le jure. Autrement la garantie spéciale de sincérité du serment ne serait pas réalisée. Mais il n'est pas indispensable que le *deferens* ait été appelé à la prestation et y soit présent (1).

Les parties désigneront souvent les personnes qu'elles chargent de recevoir le serment, un notaire par exemple. Elles accroissent ainsi la garantie morale du serment tout en assurant la preuve de la prestation ou de son défaut. Mais si les personnes désignées déclinent l'offre de ce mandat, la convention de serment tombera, à moins que dans l'intention des parties le tribunal doive être substitué aux personnes désignées. Le juge accomplirait alors un acte de juridiction gracieuse.

La preuve de la prestation ou du refus se fera conformément au droit commun. Il ne s'agit pas du reste d'un simple fait pour lequel la preuve testimoniale serait indéfiniment admissible, mais d'un acte dont dépend directement l'existence ou l'inexistence d'un droit.

Les parties ont voulu terminer leur différend ; elles ont dans ce but accepté avec leurs conséquences nettement opposées la déclaration ou le silence comme apportant une

(1) Pau, 11 mars 1824.

preuve irrécusable, soit au profit de celui qui a juré, soit contre lui s'il ne jure pas (1). Elles se sont à l'avance interdit tout recours. La condition réalisée emporte une fin de non-recevoir ou comme disent les Romains une *exceptio litis per transactionem finitæ*, contre toute demande ultérieure formée pour le même objet, entre les mêmes parties (art. 2052, C. civ.).

Mais entre les deux partis extrêmes de la prestation ou du refus, les contractants ont pu admettre la faculté de rélation, grâce à laquelle celui qui reçoit la délation peut au lieu de jurer ou de refuser, retourner la proposition au *deferens* en lui disant : jurez vous-même. La situation de chaque partie est alors changée pour celle de l'autre : c'est comme une permutation. Mais cette faculté n'est point nécessaire à la solution du différend ; ce troisième parti offert à l'*accipiens* est pour lui une faveur. On ne l'admettra que si elle a été stipulée dans la convention.

Notons enfin que l'article 366 du Code pénal qui punit le faux serment en matière civile ne vise pas le serment conventionnel.

Comment du reste ferait-on la preuve du faux serment, puisque l'article 2045 du Code civil interdit tout recours contre la transaction qui a mis fin au différend.

Application.

On s'est demandé si le serment intervenu devant le juge de paix conciliateur en vertu de l'article 55 du Code de

(1) Bien entendu la convention de serment ne produirait aucun effet et serait non avenue si le défaut de prestation résultait d'un cas fortuit, l'incapacité, le décès de la partie qui doit jurer. A l'impossible nul n'est tenu.

procédure civile, était un serment décisoire ou supplétoire, ou un serment conventionnel. La solution ne saurait être douteuse. Le juge de paix conciliateur ne fait pas office de juge (art. 48, Pr. civ.). L'article 55 du Code de procédure civile lui prescrit simplement de *mentionner* le refus de prestation de la partie, sans parler d'une condamnation qui serait la conséquence du refus s'il s'agissait d'un serment décisoire ou supplétoire. Il ne peut donc s'agir que du serment conventionnel (1).

Cela n'empêche pas que souvent en fait le juge de paix provoquera la convention de serment. En pareil cas, la convention et la prestation seront mentionnées au procès-verbal de conciliation et ainsi prouvées authentiquement.

Si l'une des parties n'accepte pas l'offre de serment de son adversaire, le refus sera inséré au procès-verbal de non-conciliation à titre de refus de conciliation (art. 55, Pr. civ.) (2). Toutes choses demeurent entières pour le jour où on se présentera devant les tribunaux. Toutefois si après avoir refusé le serment en conciliation, la partie consentait à prêter exactement le même devant les tribunaux et gagnait ainsi son procès, le *deferens* pourrait lui réclamer les frais faits depuis le refus de serment en conciliation et qui sont résultés de la mauvaise volonté du refusant, de son dessein de faire naître un procès (3). Il n'échapperait à cette condamnation que s'il donnait un motif légitime de son refus, par exemple l'utilité résultant pour

(1) *Sic* : Auteurs et jurisprudence. Poitiers, 3 février 1841, D. 46.2. 124 ; Douai, 5 janvier 1854, D. 54.2.135. Seul Duranton, soutient qu'il y a serment décisoire ou supplétoire et que le refus de la partie entraîne sa condamnation (*Cours de droit français*, t. 13, p. 569).

(2) Cass., 17 juillet 1810. S. 10.327 ; Pau, 11 mars 1824, *Journal des avoués*, t. 28, p. 182.

(3) Douai, 5 janvier 1854, D. 54.2.135.

lui de l'hypothèque judiciaire qu'entraîne le jugement de condamnation et que ne lui aurait pas procurée le serment conventionnel.

En cas de faux serment, la Cour de cassation belge fait application de l'article 366 du Code pénal (1).

SECTION III. — **Serment légal judiciaire.**

Il y a encore dans notre droit des serments affirmatifs qui interviennent au cours d'un procès sans porter sur le fond du débat. Tel est celui que prête le chef du jury criminel avant de donner lecture de la déclaration du jury. L'article 348, alinéa 3 du Code d'instruction criminelle, lui prescrit une attitude, la main placée sur son cœur, et les paroles suivantes : « sur mon honneur et ma conscience, devant Dieu et devant les hommes, la déclaration du jury est, etc... » Mais ce serment ne mérite pas autre chose qu'une mention ; car dans le silence de l'article 348 les auteurs, sauf l'opinion isolée de Carnot (2), et la jurisprudence s'accordent à n'y pas attacher la sanction de la nullité (3).

Dans la même catégorie rentre le *jusjurandum calumniæ*

(1) *Pasicrisie*, 1862.1.378. L'arrêt tire argument de la généralité des termes de l'article 366.

(2) *Commentaire du Code d'instruction criminelle*, t. 3, p. 201 : « Si la nullité n'est pas formellement prononcée elle résulte de la nature des choses. La déclaration n'acquiert une foi pleine et entière que lorsqu'elle est faite sur l'honneur et la conscience ».

(3) Cass., 17 février 1876, *Bulletin*, n° 53 ; Cass., 6 juillet 1876, *Bulletin*, n° 159 ; Cass., 6 avril 1894, *Bulletin*, 83. Cubain relève dans l'article 348 « l'emphase habituelle au droit intermédiaire » (*Traité de la procédure devant les Cours d'assises*, n° 643).

des Romains, prescrit dès le commencement du procès aux plaideurs pour établir qu'ils n'agissaient pas par esprit de chicane. Le demandeur qui le refusait voyait sa prétention repoussée et le défendeur était réputé *confessus*. La prestation au contraire permettait de suivre l'instance, sans du reste fournir aucune preuve au fond (1). Dans notre ancien droit l'usage du serment fut considérablement restreint, bien que plusieurs ordonnances aient consacré son existence en certaines hypothèses (2). Notre droit actuel l'a définitivement rejeté. « On a pensé et avec assez de « raison, dit Duranton, que celui qui ne se ferait pas scru- « pule de demander une chose qu'il saurait ne lui être pas « due ne s'en ferait pas davantage de prêter ce serment ». Le plaideur qui intente un procès sciemment par esprit de chicane n'est évidemment pas homme à reculer devant un serment. S'il est au contraire de bonne foi, à quoi peut donc servir le serment de calomnie dont la prestation n'arrêtera pas le cours du procès ?

Le serment estimatoire qui sert à déterminer le montant de la condamnation que le juge doit prononcer a au contraire survécu dans l'article 1369 du Code civil.

Enfin les serments qui servent à résoudre le fond du procès sont le serment décisoire et le serment supplétoire, le premier qui est déféré par une partie à l'autre, le second que le juge défère à une partie.

Le Code civil réglemente au titre des obligations en général, chapitre VI *de la Preuve des obligations*, section V

(1) Cf. Gaius, *Comment.*, 4. 172 et 176 ; Justinien, *Institutes*, 4.16 ; Code, *de jurej. propt. cal. dando*, 2.58.

(2) Domat, *Lois civiles*, liv. 3, tit. 6, S. 6. Ord. 23 mars 1302, § 20. Ord. d'Orléans, janvier 1560, article 58 : « en toutes matières personnelles ».

du Serment, les serments décisoire et supplétoire, ainsi que le serment estimatoire. C'est dans cet ordre légal que nous les étudierons. En raison de leur importance pratique capitale, nous leur consacrerons trois chapitres distincts. Malgré tout on nous reprochera peut être le défaut de proportion de ces trois chapitres si importants par rapport aux autres. Mais l'étendue de notre sujet comme le but de notre travail ne nous permettent pas d'approfondir cette matière, qui est traitée dans tous les ouvrages généraux de droit civil et à laquelle un grand nombre de thèses ont été consacrées tant pour le droit romain que pour le droit français. Nous nous bornerons donc à exposer dans ses grands traits la théorie actuelle, sans remonter à celle du droit romain et de Pothier dont elle n'est le plus souvent que la copie.

CHAPITRE IV

SERMENT DÉCISOIRE.

Le serment décisoire est celui qu'une partie défère à l'autre pour en faire dépendre le jugement de la cause (art. 1357). Son analyse est conforme à celle que nous avons donnée du serment conventionnel : il constitue une transaction. Seulement à la différence du serment conventionnel, il est soumis à une réglementation légale qui en précise les conditions et les effets (art. 1357 à 1365). Ce caractère conventionnel et transactionnel est reconnu par une tradition constante et qui a toujours été suivie depuis lors (1).

Cependant des auteurs se sont élevés contre cette conception (2). On a d'abord fait remarquer que les Romains disaient *species transactionis* et non pas *transactio*. Mais ces mots ne désignent-ils pas plutôt une application, un exemple de transaction, qu'une simple ressemblance avec la transaction.

On montre ensuite qu'il n'y a pas réellement convention, parce que le consentement de celui qui reçoit la délation n'est pas libre. Sans doute le fait qu'il ne peut, comme nous

(1) « Jusjurandum speciem transactionis continet ». D. 12.2 *de jurej.*, L. 2 ; Pothier, *Obligations*, n° 916 ; Bigot-Préameneu, Fenet, t. 13, p. 309 ; Toulouse, 25 mai 1885, S. 89.2.41, note de M. Labbé.

(2) Huc, *Commentaire du Code civil*, t. 8, p. 465 ; Baudry-Lacantinerie, *Précis de Droit civil*, t. 2, p. 922.

le verrons, impunément refuser le serment, devrait en raison faire considérer l'acceptation comme viciée ; mais au contraire la loi l'a reconnue valable.

On a enfin prétendu que le serment ne contient pas de sacrifices réciproques ; mais nous avons montré à propos du serment conventionnel que le sacrifice consiste dans le risque que chaque partie assume d'abandonner toute prétention dans une certaine éventualité.

Si on considère le serment décisoire dans son but, on voit qu'il sert à terminer le procès par la reconnaissance d'une prétention. C'est donc une convention dans sa source et un mode de preuve dans sa fin. Beaucoup d'auteurs (1), pour n'avoir pas nettement distingué ces deux points de vue, ont trouvé qu'il y avait antinomie entre eux. Une transaction ordinaire avec son effet déclaratif n'a-t-elle pas aussi un caractère probatoire ?

Il faut seulement remarquer que le serment décisoire déroge à deux règles fondamentales en matière de preuves. Ces exceptions s'expliquent par le caractère archaïque de notre institution. Il y a d'abord une exception à la règle *Actori incumbit probatio*. En réalité la partie qui doit faire sa preuve, peut rejeter ce fardeau sur l'autre et exiger d'elle une déclaration qui fera foi mais qu'elle est tenue de fournir sous peine de perdre son procès (2).

Enfin et surtout, notre preuve fonctionne pour ainsi dire en dehors du juge, réduit à constater l'œuvre des parties pourvu qu'elles obéissent aux prescriptions légales. Ainsi

(1) Par ex. Aubry et Rau.

(2) Au contraire, et bien que le droit de déférer le serment appartienne à chaque partie, on ne conçoit guère pratiquement que celui qui n'a aucune preuve à faire fournisse à son adversaire par la délation de serment un moyen inespéré de triompher.

le juge ne pourrait pas plus s'opposer à une délation régulière qu'échapper à l'obligation de condamner le *deferens* quand il y a eu prestation régulière. Le serment décisoire se rapproche de la preuve testimoniale, comme elle c'est une preuve directe. La partie apporte dans sa propre cause une sorte de témoignage, mais doué d'une force singulière. Aussi s'accorde-t-on à voir une erreur dans l'article 1350-4° qui range l'aveu et le serment parmi les présomptions. Dans ces dernières, le travail de l'induction est en quelque sorte ralenti, la preuve est indirecte, médiate. Rien de plus immédiat au contraire que la preuve qui résulte de la déclaration de l'homme.

SECTION I. — **Délation du serment.**

La délation est l'offre de transaction conditionnelle que constitue le serment. Elle doit réunir les conditions ordinaires de validité des conventions en général et de la transaction en particulier, en tant qu'elles ne sont pas en opposition avec les règles spéciales au serment des articles 1358 à 1365. Il ne suffirait pas que ces conditions soient réunies seulement lors de l'acceptation de la délation, et le consentement du *deferens*, produit à un moment où elles n'existaient pas, ne serait évidemment pas valable.

Notre principe s'applique en premier lieu au consentement (art. 1109 à 1118, 2052 à 2057, C. civ.). Ainsi l'erreur de droit ne sera pas une cause de nullité (2052, 2e alin.). Toutefois le caractère décisoire de notre serment est incompatible avec les causes de nullité des articles 2054 à 2057 (art. 1363, C. civ.). Dans tous ces cas, on remettrait en discussion des questions que le serment a eu pour but de trancher définitivement. Au contraire la délation ne serait pas valable si elle était la suite d'un dol ou d'une violence. Il y aurait enfin un véritable défaut de consentement, à déférer le serment en se réservant de faire valoir ultérieurement d'autres moyens (1).

Le Code ne parle pas de la capacité requise pour faire la délation ou la recevoir. On admet généralement (2) qu'il faut être capable de transiger c'est-à-dire en principe de disposer à titre onéreux, sauf l'exigence spéciale des articles 2045, 2e alinéa, 467 et 472 pour le mineur et l'interdit, de l'article 513 pour le prodigue. Nous ne chercherons pas à épuiser les applications de cette idée.

On serait tenté de repousser l'exigence de la capacité de transiger chez celui qui reçoit la délation, car cette partie accomplit elle-même la condition dont dépend son droit. Elle n'a qu'à parler pour gagner son procès. Mais elle a une résolution très grave à prendre, usera-t-elle ou non du droit de délation ? En outre la prestation elle-même suppose, comme dit M. Labbé, une « appréciation morale des cir- « constances, et cette appréciation exige un plein dévelop. « pement des facultés de l'homme ou l'état le plus normal « où l'homme puisse se trouver pour la gestion de ses « affaires (3) ».

Au contraire nous verrons que le serment doit être prêté en personne, de sorte qu'il ne peut être déféré à un incapable pour lequel les formalités de la transaction auraient été remplies, mais qui, comme le mineur non émancipé, n'agit pas lui-même.

(1) Cass., 5 mai 1886, D. 86.1.467.

(2) Trib. Brignolles, 17 décembre 1879, D. 80.2.249 : fait application au maire d'une commune. Toulouse, 25 mai 1885, S. 89.2.41.

(3) Note sous l'arrêt de Toulouse, précité.

Des auteurs importants parmi les premiers commentateurs du Code civil (1) se contentent toujours en notre matière de la capacité d'aliéner. Ce sont les mêmes qui assimilent le serment à un acquiescement ou à un désistement, doctrine que nous avons déjà repoussée. Ici ils permettent au tuteur de déférer le serment sur les objets dont l'aliénation lui est permise, comme une vente de récoltes. C'était dit-on la solution romaine (L. 17, § 3, D. *de jurej.*). Mais qu'importe, puisque le droit romain établissait sur l'administration du tuteur un système que le Code a notablement écarté. — De même, Delvincourt par un argument *à contrario* tiré de l'article 464 du Code civil, permet au tuteur de déférer le serment tout seul sur une action mobilière, et avec la seule autorisation du conseil de famille pour une action immobilière. D'autres, comme Larombière, Dalloz (*Rép. A.*, V° *Tutelle*, 5225) admettent la délation quand il s'agit d'intérêts minimes pour lesquels la responsabilité du tuteur est toujours suffisante. Cette solution est raisonnable, mais elle n'a aucune base légale. Il faut donc à notre avis s'en tenir à la règle générale de l'article 467 du Code civil (2), et cela même pour le mineur émancipé. Jamais la délation de serment ne peut être considérée comme un acte de pure administration. La gravité de l'acte ne dépend pas de l'importance de son objet, mais de sa propre nature juridique.

Quant au prodigue ou faible d'esprit, quand même il aurait conservé la capacité d'aliéner, il n'aurait pas par

(1) Delvincourt, *Cours de Code civil*, t. I, p. 303 ; Duranton, *Cours de droit français*, t. 13, 582 ; *Adde* : Pigeau, Toullier.

(2) V. cependant Paris, 27 août 1847, D. 47.4.443.

Cet arrêt a validé une délation faite par une mère tutrice au nom de ses enfants mineurs.

cela seul celle de déférer ou d'accepter le serment (art. 513, C. civ.) (1).

De même pour le syndic de faillite, les articles 486 et 487 du Code de commerce distinguent nettement la capacité d'aliéner et celle de transiger. Pour la transaction il faut, outre l'autorisation du juge-commissaire, l'homologation du tribunal.

La même idée s'applique à un mandat conventionnel. Le mandat d'aliéner ne comporte aucunement celui de transiger et l'avoué qui défère ou accepte un serment sans pouvoir spécial s'expose au désaveu de son client (art. 352, Pr. civ.) (2).

D'ailleurs le mandataire légal ou conventionnel reste toujours libre de déférer le serment à un tiers en son nom personnel et sur un acte relatif à son mandat. Il peut y avoir intérêt en raison de sa responsabilité vis-à-vis du mandant, par exemple pour établir un paiement qu'il a fait au tiers sans réclamer quittance. Cette délation n'est pas du reste opposable au mandant.

Objet.

L'objet d'une transaction est une contestation née ou à naître. Celui de la délation de serment est un droit actuel-

(1) D'après le Code de procédure civile allemand de 1877 : le tribunal a un pouvoir discrétionnaire pour admettre au serment les prodigues et les mineurs qui ont atteint l'âge de seize ans (art. 435, al. 2).

D'ailleurs celui qui a déjà été condamné pour faux serment devient incapable d'en prêter un nouveau en justice (art. 422, 432).

(2) Il faut même dire avec la Cour de Nîmes (12 janv. 1848, D. 49.5. 112) que la délation est impossible sans pouvoir spécial. Il est inadmissible que l'adversaire soit lié alors que le *deferens* conserve toujours la faculté de désavouer.

Idem, Rennes, 6 août 1849, D. 51.2.136.

lement contesté en justice. Entre toutes autres personnes que les deux plaideurs, il ne peut y avoir qu'un serment extrajudiciaire.

Mais peu importe que l'une des parties soit défaillante : il n'y en a pas moins litige.

L'article 1358 du Code civil admet la délation « sur quelque espèce de contestation que ce soit », c'est-à-dire quel que soit le droit en litige, au possessoire comme au pétitoire, droit personnel comme droit réel.

La formule de l'article 1358 est sur bien des points trop absolue. La faculté de délation est aussi étendue dans son objet que celle de contracter (art. 1134), mais elle comporte les mêmes limites.

Il faut que le droit soit possible, utile et licite.

Il faut qu'il puisse faire l'objet d'une transaction (1).

Ainsi pas de délation possible sur un droit qui n'est pas dans le commerce, tel qu'un droit relatif à l'état des personnes (art. 1128, C. civ.). Un fait qui serait de nature à justifier une demande en divorce ou en séparation de corps (2), une action en réclamation ou en contestation d'état (3), à établir l'existence d'une obligation illicite, comme une dette de jeu (4), ne peut être prouvé par serment.

Le serment ne saurait pas davantage suppléer au défaut d'une forme prescrite pour l'existence même d'un acte solennel : donation, legs, contrat de mariage, constitution

(1) Trib. Bonneville, 30 décembre 1882, *G. P.* 83.1.257.

(2) V. Le Senne, Des moyens de preuve dans l'instance en séparation de corps, *Fr. Jud.*, 1878-79, p. 337 et suiv.

(3) Cass., 23 novembre 1885, D. 86.1.55 : pour une action en recherche de maternité.

(4) C'est du moins ce qu'a décidé la Cour de cassation pour la transaction, 17 janvier 1882, D. 82.1.333. De même pour une obligation naturelle (Bordeaux, 14 janvier 1869, S. 69.2.164).

d'hypothèque (1), alors qu'au contraire il pourrait remplacer un écrit exigé seulement *ad probationem* : ainsi dans l'antichrèse (art. 2085), la transaction (2) (art. 2044, 2e al.), le louage de choses. Pour ce dernier contrat l'art. 1715 réserve expressément la preuve par serment.

La délation n'aurait pas non plus d'objet, si le droit réclamé ou contesté ne pouvait être sérieusement mis en question : si par exemple la prétention était repoussée par une exception péremptoire n'admettant pas la preuve contraire telle que l'autorité de la chose jugée (3), la prescription hors le cas des articles 2275 du Code civil et 189 du Code de commerce (4). Le serment est-il admissible contre les autres présomptions *juris et de jure* ? Tout dépend du sens que l'on reconnaît à l'article 1352 *in fine*. Après avoir posé que nos présomptions n'admettent pas la preuve contraire, notre article ajoute : « sauf ce qui sera dit sur le serment et l'aveu judiciaires ». Dans une première opinion, ces mots signifient que le serment est admissible contre les présomptions *juris et de jure* autres que celles

(1) Trib. Seine, 8 décembre 1884, *G. P.* 85.1. *Sup.* 21 ; Cass., 21 juil. 1852, S. 52.1.696, pour un contrat de mariage ; Pau, 24 août 1870, S. 71.2.99, pour une donation. *Sic*, Code civil italien, article 1364. « Le serment décisoire ne peut être déféré sur une convention pour laquelle la loi exige un acte écrit ». *Idem*, article 2523 du Code civil portugais pour les conventions qui ne peuvent être prouvées que par acte public.

(2) *Sic.*, *opin. génér.*, Nancy, 29 juillet 1837, S. 39.2.140 ; Limoges, 6 février 1845, S. 45.2.653 ; *Contrà* : Troplong, il se contente de dire que la preuve par serment répugne à la nature de la transaction.

(3) Alger, 22 juillet 1895, D. 97.2.342.

(4) Cass., 13 février 1856, D. 56.1.77. De même l'action en réclamation de frais de l'avoué contre son client est repoussée, sans que la délation de serment soit possible, si l'avoué ne produit pas le registre prescrit par le tarif du 16 février 1807, article 151. Cette prescription est d'ordre public (Douai, 21 mars 1863, S. 63.2.186).

qui, comme la chose jugée ou la prescription, sont basées sur l'ordre public : mais cette distinction est absolument arbitraire. En outre la solution serait inexacte en ce qui concerne le serment supplétoire (art. 1367, 1°). Dans une deuxième opinion l'article voudrait dire que le serment est lui-même une présomption, mais susceptible de preuve contraire, ce qui serait faux au moins pour le serment décisoire.

Enfin dans une troisième opinion qui nous semble plus simple et plus satisfaisante, l'*in fine* de l'article 1352 est dépourvu de portée. Le législateur a voulu dans cet article réserver la question de savoir si plus tard il admettrait l'aveu et le serment pour combattre les présomptions. Mais la question n'ayant pas été abordée dans les sections de l'aveu et du serment sa réserve est devenue inutile. Ainsi le serment décisoire, comme du reste dans l'opinion précédente, ne peut être déféré contre aucune présomption *juris et de jure*.

Au contraire la preuve par serment reste ouverte contre les présomptions *juris tantum* et d'une façon générale contre toute prétention qui n'est établie que jusqu'à preuve contraire. Le serment peut être déféré « en tout état de cause », dit l'article 1360 (1).

La délation a un objet tant qu'il y a contestation et il y a contestation tant qu'il n'y a pas acquiescement ou jugement définitif.

Cependant certaines difficultés se sont élevées pour combattre la force probante qui résulte de l'acte authentique. D'abord rien ne s'oppose à ce que la preuve par

(1) La jurisprudence qui, nous le verrons plus loin, n'admet pas la délation de serment par conclusions subsidiaires, est la négation même de cet article.

serment soit admise contre les énonciations qui ne font foi que jusqu'à preuve contraire (1). Elle est au contraire impossible à notre avis contre les énonciations qui font foi jusqu'à inscription de faux. L'acte authentique ne peut alors être attaqué que dans les formes prescrites par le titre II, livre II du Code de procédure ; et la procédure restrictive du faux en ne reconnaissant que la preuve par titres, par témoins et par experts, exclut nécessairement la preuve par serment (2).

En sens inverse il importe peu qu'il n'y ait encore aucun commencement de preuve de la prétention du *deferens* (3). L'article 1360 le dit expressément parce que dans l'ancien droit des docteurs exigeaient ce commencement de preuve. Mais la solution va de soi ; comme dit Pothier (4), « il peut arriver très souvent qu'une demande dont il n'y a aucun commencement de preuve ne laisse pas d'être en elle-même très juste ». C'est même en ce cas que la délation de serment se conçoit pratiquement le mieux. Pourquoi affronter les risques d'un appel à la conscience de l'adversaire, si on a déjà par devers soi des preuves suffisantes pour le faire condamner ?

(1) Le contraire a cependant été jugé par la Cour de Montpellier, le 25 juin 1819.

(2) *Sic*, Demolombe, Laurent, Huc. Caen, 9 janvier 1815, S. 19.1. 332 ; art. 1364, C. civ. italien.

Nous repoussons l'opinion qui admet la preuve par serment dans tous les cas (Colmet de Santerre, t. 5, n° 335 *bis* II). Qu'importe que le serment décisoire soit une transaction si la loi qui énumère limitativement les preuves admissibles en matière de faux le repousse implicitement.

Pour la même raison, nous n'admettons pas non plus la doctrine qui ne prescrit de suivre la procédure de l'inscription de faux que jusqu'au jugement qui admet cette inscription, la preuve par serment devenant ensuite possible (Bonnier, Aubry et Rau, Bruxelles, 10 décembre 1884, *Pasicr.* 85.2.61).

(3) Cass., 7 novembre 1893, D. 94.1.15.

(4) *Obligations*, n° 913. *Adde*, n° 914.

D'autre part le serment a un caractère décisoire (art. 1363) qui interdit tout moyen ultérieur et est en même temps la plus dangereuse des ressources pour un plaideur. Pour ce double motif, on ne le défère d'ordinaire qu'après avoir inutilement épuisé tous autres moyens, qu'à la dernière extrémité.

Seulement la délation devient impossible quand les débats sont clos : quand la cause a été mise en délibéré (art. 111, Pr. civ.) ou communiquée au ministère public (Déc. 30 mars 1808, art. 87), quand l'affaire a été renvoyée à une autre audience « pour jugement ». Il est en effet de jurisprudence constante qu'à partir de ce moment les parties ne peuvent plus prendre de conclusions nouvelles, mais seulement faire passer des notes rectificatives au tribunal (1).

Mais rien n'empêche de déférer le serment pour la première fois en appel. L'article 464 du Code de procédure civile défend d'y présenter des demandes nouvelles mais n'interdit pas un moyen nouveau.

Il en serait autrement en Cassation parce que la question de droit peut seule y être posée, et que le serment porte nécessairement sur un fait.

— Devant quels tribunaux le serment peut-il être déféré?

Les principes du droit civil s'étendant au droit commercial, le serment décisoire peut être déféré devant les tribunaux de commerce. Il est au contraire proscrit des tribunaux administratifs par le silence voulu de la loi du 22 juillet 1889. Les travaux préparatoires prouvent que l'intention du législateur a été de s'en référer à la juris-

(1) V. par ex. Cass., 29 mai 1850, S. 51.1.131.

prudence du Conseil d'Etat (1) qui repoussait le serment pour deux raisons : 1° parce qu'aucun texte ne l'admettait en matière administrative, simple argument de droit positif ; 2° parce que des motifs d'ordre public s'opposaient à ce qu'il fut admis. Dans les fréquents débats entre les particuliers et les agents de l'administration, on ne peut, disait-on, ni prêter ni déférer le serment sans inconvénients graves. L'argument est vague ; il est même faux quand l'intérêt public n'est pas en jeu, ce qui se présente assez fréquemment par exemple dans le contentieux des dommages en matière de travaux publics (2), ou dans le contentieux des domaines nationaux où l'administration agit comme partie privée.

On a peut-être craint en réalité que les particuliers n'hésiteraient pas assez souvent à se parjurer pour gagner leur procès, tandis que le représentant d'un établissement public ne se soucierait pas suffisamment de risquer sa réputation d'honnête homme pour sauvegarder les intérêts de l'administration. Enfin nous verrons que le serment doit être prêté par la partie intéressée en personne ; il ne pourrait donc être déféré à l'administration personne morale, pas plus qu'à l'administrateur.

Le serment décisoire est également étranger au droit criminel. Le délit criminel est trop évidemment hors de commerce. La délation n'aboutirait fatalement qu'à un parjure. Enfin le bon sens répugne à l'admission d'un mode de preuve aussi dangereux qui fait la partie juge dans sa propre cause, alors que l'intérêt de la société est en jeu.

(1) Conseil d'Etat, 29 novembre 1851, S. 52.2.154 ; *Adde* : en matière électorale : Cass., 23 novembre et 1er décembre 1874, D. 75.1.75.

(2) C'était justement le cas dans l'arrêt de 1851.

Quant à l'intérêt civil porté accessoirement devant les tribunaux criminels, le serment est encore impossible : la preuve faite par ce moyen réfléchirait nécessairement sur celle du délit criminel, surtout dans une matière où les preuves sont de conviction. La même raison nous conduit à la même solution pour l'intérêt civil porté séparément devant les tribunaux civils. On ne saurait nous objecter l'article 2046 qui permet de transiger sur l'intérêt qui résulte d'un délit. Cet article suppose le délit bien établi. Ici au contraire le serment serait déféré sur l'existence même du délit.

On s'est encore demandé si le serment était admissible dans une contestation soumise à un arbitre. Thomine le nie parce que l'arbitre n'a pas qualité pour recevoir une prestation de serment. Chauveau l'admet au contraire, parce que « le serment est un des plus sûrs moyens d'obtenir la vérité » (1). Cette raison paraît reposer sur un optimisme exagéré. Mais l'affirmative se recommande à notre sens de l'article 1009 du Code de procédure civile, d'après lequel, sauf convention contraire, les formes de procéder devant les tribunaux ordinaires s'appliquent devant la juridiction arbitrale.

Cause.

Nous n'avons rien à en dire, puisque dans toute convention synallagmatique, la cause d'une obligation se confond avec l'objet de l'autre.

(1) *Lois de la procédure*, n° 3290.

Condition.

Les deux obligations des parties sont subordonnées à une condition unique, mais négative pour l'une et affirmative pour l'autre, en sorte que l'une seule des obligations peut produire son effet. La condition consiste en une déclaration solennelle que doit faire l'adversaire du *deferens* (1) et qui sera tenue pour vraie, pour prouvée. Comme tout mode de preuve elle ne peut porter que sur un fait (art. 1359). On le dit souvent : le droit ne se prouve pas, il s'interprète. La solution des questions de droit exige un travail de raisonnement souvent complexe et toujours propre à dissimuler un parjure.

Pour que la délation constitue réellement un appel à la conscience, il faut que le fait soit personnel à la partie à qui on défère, qu'elle l'ait accompli ou ait participé à son accomplissement (art. 1359) (2). En pareil cas il n'est pas vraisemblable que la partie ait perdu le souvenir du fait. Son ignorance prétendue est au contraire très possible dès qu'il s'agit d'un fait qui lui est étranger. La déclaration

(1) On ne concevrait pas en effet que le *deferens* pût imposer à son adversaire sa propre déclaration assermentée ou celle d'un tiers, par exemple celle du mari qui ne figure à l'instance que pour autoriser sa femme (Angers, 28 janv. 1825, S. 25.2.159), ou à plus forte raison celle de la femme de l'un des plaideurs (Chambéry, 14 juillet 1866, S. 67.2.149). Toutefois en cas de subrogation à une créance le débiteur conserve vis-à-vis même de son nouveau créancier le droit de déférer le serment décisoire au subrogeant pour établir par exemple sa libération La subrogation ne saurait aggraver sa situation (Paris, 20 décembre 1889, D. 90.2.172).

(2) A cet égard, le Code de procédure allemand est moins rigoureux. L'article 410 exige que le fait soit personnel, ou que la partie en ait acquis la connaissance personnelle. Mais comment saura-t-on que cette connaissance a été acquise ?

qu'elle n'en a pas connaissance ne pourrait être raisonnablement interprétée comme un refus de serment (1).

Nous l'avons déjà annoncé et nous y reviendrons à propos de la prestation de serment la déclaration doit être faite par la partie en personne.

En outre il subsiste dans notre droit une hypothèse où la loi désigne la partie dont la déclaration doit trancher le débat sans qu'il y ait délation de l'adversaire, ni du juge. C'est le cas de l'article 1716 du Code civil. Un locataire a une contestation avec son bailleur sur le prix de son bail. Ce prix n'est établi par aucun écrit et le locataire ne demande pas qu'il soit déterminé par experts. « Le propriétaire est cru sur son serment (2). »

La loi a pensé qu'il avait plus d'intérêt à garder sa réputation d'honnête homme afin de trouver facilement d'autres locataires. Il est ainsi empêché de trahir la vérité.

Malgré tout cette dérogation au droit commun est empreinte d'un caractère peu démocratique.

Jusqu'à la loi du 2 août 1868 une solution du même genre était appliquée par l'article 1781 au louage de services. « Le maître était cru sur son affirmation assermentée pour la quotité des gages, le paiement du salaire de l'année échue et pour les acomptes donnés pour l'année courante. » Ce souvenir du vieil adage : « en grande pauvreté n'y a pas grande loyauté », dérivait de la jurisprudence du Châtelet, et s'expliquait par cette considération que le maître beaucoup plus riche que son domestique avait un intérêt moins grand à trahir la vérité, ce qui le rendait plus digne

(1) *Sic* : Bigot-Préameneu, Fenet., t. 13, p. 308.

(2) Mais la même foi ne serait pas due à ses héritiers. Cass., 13 mars 1867, D. 67.1.175.

de foi. Enfin grâce à ce moyen une multitude de petits procès étaient évités.

Avec le retour au droit commun et pour établir le montant de sa créance, le domestique sera le plus souvent réduit à déférer le serment au maître. On reviendra en fait à l'article 1781. D'autre part une fois la créance prouvée, le maître qui se procurera rarement une preuve écrite de sa libération, se trouvera pour faire cette preuve à la discrétion du domestique pour toute somme dépassant 150 francs. Dès lors il ne traitera qu'avec des domestiques sachant écrire et en état de lui fournir quittance.

Malgré tout, nous ne nous joindrons pas aux auteurs qui critiquent l'abrogation de l'article 1781 (1). D'abord ce n'est pas une critique de cette abrogation que le jeu des principes en matière de preuve conduise en fait au même résultat que l'article 1781. Cela prouve au contraire que la disposition spéciale de cet article était inutile. Il nous paraît en outre choquant qu'un débiteur fasse preuve de sa libération par un serment qu'il impose à son adversaire et au juge.

Il ne faut pas ranger à côté des articles 1716 et 1781, l'article 1924 du Code civil dont la mauvaise rédaction prise à la lettre ferait croire qu'à défaut de preuve écrite du dépôt, la seule preuve admise pour le contrat et ses suites est la « déclaration » du dépositaire.

On reconnaît généralement (2) que l'article 1924 en n'ex-

(1) Peaucellier, *Revue critique*, 1869, 513.528 ; Ancenis, *Fr. judic.*, 1880-81, p. 599.

(2) M. Pont (*Petits contrats*, I, n°s 406-411), a cependant soutenu que d'après l'article 1924 les seules preuves admissibles entre déposant et dépositaire sont la preuve écrite ou la déclaration du dépositaire. En tout cas ce système exceptionnel serait inopposable aux tiers (Rej., 15 juillet 1878, D. 79.1.179).

cluant pas expressément les modes de preuve du droit commun les a respectés. Il suppose seulement qu'en fait ces preuves n'ont pas abouti, et devant la déclaration, les dénégations du défendeur, il applique l'adage *actore non probante reus absolvitur*.

Toutefois ces règles reçoivent exception dans le cas des articles 2275 du Code civil et 189 du Code de commerce. On sait que les courtes prescriptions des articles 2271 à 2273 peuvent être combattues par la délation du serment. Celui dont la dette est prescrite doit alors jurer que « la chose a été réellement payée » (art. 2275). Mais l'alinéa 2 de cet article permet en outre en cas de décès du débiteur, de déférer le serment à sa veuve, à ses héritiers majeurs, aux tuteurs de ses héritiers mineurs pour « déclarer s'ils ne savent pas que la chose soit due ». C'est le serment de crédulité ou de crédibilité ou d'opinion. On ne donne pas une affirmation radicale, mais seulement une opinion sous serment. Pour la prescription de 5 ans en matière de lettre de change ou de billet à ordre, l'article 189 du Code de commerce édicte une disposition analogue au regard des veuves, héritiers ou ayants cause du prétendu débiteur.

Il y a dans ces articles une double exception aux principes. D'abord la veuve, les héritiers, les tuteurs ne jurent pas sur leur fait personnel mais sur celui de leur auteur : l'article 1359 n'est pas appliqué (1). En outre les tuteurs

(1) On a, il est vrai, tenté de se mettre en règle avec cet article par un raisonnement bien subtil. En ne réclamant à la partie que son opinion sur le fait d'un tiers, on lui défère le serment sur un fait personnel. Le sophisme, bien qu'il ait été reproduit par Pothier (*Obligation*, n° 913) nous semble facile à réfuter. L'article 1359 ne se contente pas d'une opinion personnelle sur un fait quelconque ; il veut que le fait dont s'agit soit personnel à la partie qui prête le serment. Avec le raisonnement qu'on fait le serment de crédulité serait toujours admissible et l'article 1359 serait rayé du Code.

jurent au nom de leur pupille : de sorte que l'article 121 du Code de procédure qui prescrit de prêter le serment en personne et non par mandataire est écarté. Ces dérogations à des règles fondamentales en matière de serment décisoire suffisent à nos yeux pour commander l'interprétation restrictive (1).

En conséquence, et malgré l'opinion générale qui raisonne par analogie, nous n'étendrons pas aux tuteurs dans le cas de l'article 189 du Code de commerce, la disposition de l'article 2275 du Code civil. De même en dehors de ces deux articles nous rejetterons le serment de crédulité non seulement pour les tuteurs, ce qu'admet l'opinion générale (2), mais encore pour les veuves et héritiers (3), et *à fortiori* pour une partie quelconque relativement au fait d'un tiers (4).

En somme, aucune disposition du Code ne permet de supposer que le législateur ait voulu admettre le serment de crédulité comme règle générale : l'article 1359 pose le principe contraire. Cette déclaration, faite pour ainsi dire sur le mode mineur du : je crois, facilite les compromis

(1) En ce sens le Code civil portugais, qui permet aussi de combattre les courtes prescriptions par la délation de serment au débiteur, repousse tout serment de crédulité, comme aussi toute faculté de rélation au créancier (art. 542).

(2) Colmar, 23 août 1859, D. 59.2.193 ; Cass., 14 novembre 1860, D. 61.1.338.

(3) *Sic*, Huc, Laurent. *Contrà* : Opinion générale, MM. Aubry et Rau objectent que la condition du créancier ne doit pas être empirée par le décès de son débiteur. Qu'importe si l'article 1359 veut un fait personnel. Le créancier est simplement dans la situation d'un plaideur qui voit décéder un témoin dont la déposition pouvait lui faire gagner son procès.

(4) *Sic* : Aubry et Rau, Bonnier, Lyon-Caen, Garsonnet ; Cass., 7 juillet 1876, D. 77.1.276. *Contrà* : Larombière, Colmet de Santerre, Demolombe, article 1365 du Code civil italien.

avec la conscience et multiplie les parjures. Ensuite il n'y a aucune proportion entre l'effet décisoire et la valeur d'une déclaration sur un fait qui le plus souvent n'a pas été constaté *propriis sensibus* et n'est rapporté que sur un ouï-dire. Le but du serment est la découverte de la vérité absolue, et il y a un abîme entre une opinion individuelle sur un fait et la vérité de ce fait.

Il est enfin injuste d'obliger une conscience honnête à se compromettre dans des affirmations dont la certitude lui échappe le plus souvent (1).

Le fait doit aussi être décisif. Il faut qu'il y ait entre lui et le droit contesté un rapport de cause à effet nécessaire: sans quoi le serment ne pourrait mettre fin à la contestation, il ne serait plus décisoire. Cependant on admet comme suffisant le fait qui décide un incident ou un des chefs distincts d'une demande ou d'une exception (2). L'appréciation du caractère relevant ne tombe d'ailleurs sous la censure de la Cour de cassation que s'il y a fausse application ou violation de la loi dans les conséquences légales du fait qu'a admises le juge (3).

Comme pour toute condition, le fait sur lequel porte le serment doit être possible et licite (art. 1172). Mais si on songe que le fait consiste, non dans un acte matériel, mais dans une déclaration, on reconnaîtra que ce fait sera rarement impossible ou illicite, bien qu'il y aurait impossibilité ou immoralité à l'accomplir. Par suite le serment peut

(1) V. Zachariæ von Lingenthal, *Revue de droit français et étranger*, 1845, t. II, p. 211 à 216.

(2) L'art. 426, C. proc. allemand le permet expressément.

(3) La Cour de cassation dans son arrêt du 8 janvier 1890 (D. 90.1. 23) dit d'une façon trop absolue que son contrôle n'a jamais à s'exercer.

porter sur un fait de fraude, d'attentat à la liberté de tester, sur un fait isolé d'usure (1), mais non à notre avis sur un fait constituant un délit criminel (2), parce que cela reviendrait à admettre le serment en matière criminelle.

Enfin rien ne s'oppose à ce que le serment soit déféré sur plusieurs faits à la fois. C'est même l'hypothèse que prévoit l'article 120 du Code de procédure. Mais il convient alors que les termes de la délation soient le plus simple possible afin d'éviter les cavillations, les faux-fuyants, et en un mot d'assurer le caractère décisoire du serment (3).

Procédure de la délation.

La délation doit résulter d'une volonté formelle (4) manifestée dans des conclusions qui sont signifiées dans la forme ordinaire (D. 30 mars 1808, art. 70). Un avis oral adressé à l'adversaire pendant l'audience serait insuffisant (5).

Une jurisprudence, qui semble définitivement établie (6), repousse sans aucune bonne raison et malgré les protestations de la doctrine entière (7), la délation de serment

(1) *Sic* : Jurisprudence et auteurs.

(2) *Sic :* Demolombe, art. 1364, C. civ. italien et 2523, C. civ. portugais ; art. 1236, C. civ. espagnol.

(3) En ce sens le tribunal de Luxembourg a repoussé le serment déféré par un locataire sur une quantité immodérée de faits parmi lesquels il y en avait du reste de secondaires, de non personnels, ou même d'étrangers à la contestation (D. 94.2.84).

(4) Chambéry, 3 mars 1891, D. 92.2.334.

(5) Cass., 1er mars 1859, D. 59.1.155. Dans l'espèce l'adversaire était défaillant.

(6) Cass., 13 juin 1881, D. 82.1.474 ; Toul. 25 mai 1885, S. 89.2.41 ; Besançon, 29 juin 1892, D. 93.2.555 ; Cass., 7 novembre 1893, D. 94.1.15 ; Toullier, Merlin, *Questions de droit.*

(7) Aubry et Rau, Demolombe, Laurent, Larombière, Huc, Baudry-

faite par des conclusions subsidiaires, c'est-à-dire d'une manière conditionnelle et seulement pour le cas où les moyens proposés dans les conclusions principales seraient rejetés.

Elle invoque l'article 1357 qui veut que le serment entraîne la décision de la cause ; mais une délation par conclusions subsidiaires respecte parfaitement ce caractère décisoire. Si les moyens d'abord proposés sont repoussés, le serment sera déféré et entraînera la solution du litige. On fait dire à l'article que le serment est un moyen de preuve unique ne pouvant être précédée d'aucun autre. C'est le contraire que dit l'article 1357 : il ne doit être suivi d'aucune autre preuve. C'est le contraire que dit l'article 1360 quand il permet de déférer le serment en tout état de cause. La jurisprudence est peut-être inspirée au fond par l'idée du danger que l'emploi du serment fait courir à l'inexpérience des plaideurs. Cette vue est élevée, mais elle appartient au domaine législatif. On n'applique plus la loi, on refait sur des bases nouvelles la théorie du serment décisoire (1).

Le serment étant valablement déféré deux hypothèses peuvent se présenter. Ou bien l'adversaire accepte la délation et alors le serment peut être immédiatement prêté. Le tribunal n'intervient que pour donner acte de la prestation et condamner le *deferens* (2). Ou bien l'adversaire conteste la validité de la délation : alors un jugement interlo-

Lacantinerie. Quelques arrêts, Bastia, 12 avril 1864, D. 64.2.88 ; Trib. Puy, 29 janvier 1869, D. 70.3.12 ; *id.*, art. 418, C. pr. civ. allemand.

(1) Notre question se rattache à celle qui sera examinée plus loin de savoir quels sont les pouvoirs du juge en matière de serment décisoire.

(2) Cass., 1er juin 1875, D. 78.1.71.

cutoire décidera si la délation est valable ou non et au premier cas ordonnera la prestation de serment (1).

L'article 120 du Code de procédure ajoute : « Tout jugement qui ordonnera un serment énoncera les faits sur lesquels il sera reçu », et ce à peine de nullité, bien que l'article ne le dise pas. L'article 1030 du Code de procédure qui n'admet en procédure que les nullités légales n'a pas en effet une portée absolue. D'abord il est relatif aux actes et exploits, donc sans application à un jugement, ensuite même pour les actes il peut y avoir nullité dans le silence de la loi quand une énonciation substantielle fait défaut : or l'indication des faits présente évidemment ce caractère : elle constitue le dispositif du jugement. Ces faits sont ceux qu'a déterminés le *deferens*. Nous supposons qu'ils réunissent les conditions requises. Autrement le tribunal aurait repoussé la délation. Il ne pourrait y substituer des faits qu'il apprécierait lui-même, à moins que le *deferens* ne consentît à cette modification (2).

Le jugement fixe le lieu et le jour de la prestation, comme nous le verrons en parlant de celle-ci.

Il est susceptible des voies de recours ordinaires, à moins qu'il n'y ait acquiescement exprès ou tacite au jugement, par exemple si la partie se présente sans protester à l'audience fixée pour la prestation. Mais la seule présence de l'avoué n'aurait pas cet effet, puisqu'il lui faut un pouvoir exprès pour acquiescer (art. 352, Proc. civ.). De plus la prestation de serment est de la part du prestataire un ac-

(1) En droit allemand la prestation est ordonnée par un jugement conditionnel sur le fond (art. 425, C. pr. allem.).

(2) Toutefois le tribunal pourrait apporter à la formule de la délation des changements sans importance, par exemple pour élaguer des expressions ambiguës ou captieuses (Cass., 14 novembre 1860, D. 61.1.338).

quiescement au jugement de la délation. La présence du *deferens* à la prestation ne serait même pas un acquiescement, si la prestation avait lieu à l'audience même où le serment a été déféré car alors la partie n'a pas eu le temps de la réflexion et d'ailleurs elle ne peut appeler à la face du juge (1). En tout cas après la prestation, le recours contre le jugement de délation devra être joint au recours contre le jugement qui donne acte de la prestation.

Le jugement appartient à la partie la plus diligente. Il constitue pour toutes deux un titre commun qui sert à achever le procès. Il doit en principe être signifié à avoué et à partie, du moins s'il est exécuté à la requête du *deferens*, car il ordonne un acte à accomplir par la partie elle-même, et celle-ci doit avoir le temps de réfléchir sur les faits et de les examiner scrupuleusement avant de contracter un engagement aussi sacré. Si au contraire c'est le prestataire qui exécute le jugement, il lui suffira de le signifier à l'avoué du *deferens* avec sommation de faire comparaître sa partie (2). Devant les tribunaux de commerce, l'absence d'avoués réduit les significations à celle d'un exploit à la partie adverse.

Dans tous les cas les significations sont prescrites à peine de nullité bien que l'article 121-3° du Code de procédure civile ne la prononce pas (*Sic* : Cass., 6 août 1894, D. 95.1. 199).

(1) Alger, 24 mai 1859, D. 60.2.152.

(2) L'article 121 du Code de procédure civile ajoute bien : « et s'il n'y a pas d'avoué constitué par exploit contenant l'indication du jour de la prestation ». Mais cette solution est relative au serment supplétoire, car on ne conçoit guère que le *deferens* n'ait pas d'avoué constitué. Il faudrait supposer qu'il est parmi ceux qui sont dispensés de se faire représenter en justice, comme l'État (Arrêté, 10 thermidor an IV), l'administration des Douanes ou de l'Enregistrement, les Hospices, ou qu'on se trouve en matière d'expropriation pour cause d'utilité publique.

Selon quelques auteurs il faut observer entre la signification et la prestation de serment, le délai ordinaire de huitaine des ajournements (art. 72, Proc. civ.), mais l'opinion générale et la jurisprudence appliquent un simple délai de 3 jours, par analogie de ce qui se passe en matière d'enquête, pour dénier ou reconnaître les faits sur lesquels l'enquête est demandée (art. 252, Proc. civ.) (1). D'ailleurs le tribunal peut admettre un délai plus long s'il le juge bon. Enfin si le tribunal délègue un juge de paix pour recevoir le serment, le délai minimum à observer sera de vingt-quatre heures (art. 5, Proc. civ.) (2).

Pouvoir du juge en matière de délation de serment décisoire.

Le rôle du juge dans cette délation est bien défini. Les parties font une transaction conditionnelle qui ne vaut que si les conditions de validité, générales à toute convention ou spéciales au serment décisoire, sont remplies. Le juge a pour mission de vérifier l'accomplissement de ces conditions, et, en cas d'affirmative, de rendre sous peine de recours en cassation son jugement de délation. Le juge ne saurait mettre obstacle à une convention légalement formée (3). Cependant une jurisprudence, depuis longtemps fixée, décide que les tribunaux ont le pouvoir souverain et absolu d'admettre ou de repousser une délation de serment (4). On dit en ce sens que le serment est une tran-

(1) Chauveau-Carré. Orléans, 28 mars 1849, D. 49.2.203. Il faut naturellement ajouter les délais de distance.

(2) Bastia, 10 janvier 1838, D. 38.2.32.

(3) En ce sens, opinion générale des auteurs; Caen, 4 janvier 1840, D. 40.2.230; Bastia, 12 avril 1864, S. 64.2.189.

(4) Cass., 22 juillet 1884, D. 85.1.253; Cass., 31 octobre 1893, D.

saction forcée, mais nous avons montré au commencement de ce chapitre que, malgré l'anomalie de cette sorte de violence légale qui met la partie dans l'alternative de jurer ou de perdre son procès, la tradition et la loi reconnaissent au serment décisoire un caractère conventionnel.

Le serment, dit-on encore, est un mode de preuve ; or le juge est maître de la preuve. En réalité le serment est une institution d'un autre âge. Son caractère archaïque explique que cette preuve soit administrée par les parties elles-mêmes (1).

Il y a, il est vrai, une opinion intermédiaire d'après laquelle le juge ne peut s'opposer à la délation que s'il reconnaît qu'elle est faite par esprit de chicane ou dans le but d'exploiter les scrupules d'une conscience timorée (2).

Mais entre ce système et celui qui donne un pouvoir absolu au tribunal, il n'y a guère de différence pratique.

Le juge sera toujours souverain appréciateur du point de fait de savoir si le *deferens* agit ou non par esprit de chicane. D'ailleurs ce critérium et l'adage *malitiis non est indulgendum* n'ont aucune base légale.

Enfin Laurent dit très bien : la faculté que l'on reconnaît au juge aurait un grave danger, celui de détruire le droit sous prétexte de l'abus.

En réalité, comme nous l'avons déjà dit à propos du ser-

94.1.108 ; Alger, 17 février 1894, D. 95.2.262 ; Cass., 30 juin 1896, S. 97.1.40 ; Cass., 22 avril 1898, D. 98.1.391. Les arrêts se basent en général sur ce que les faits qu'on veut établir par le serment sont d'ores et déjà prouvés par les documents de la cause.

(1) Nous écartons de la discussion l'argument tiré du mot « peut » des articles 1358, 1359, 1360, 1362. Il peut s'entendre aussi bien du juge que de la partie, et être également invoqué par les deux opinions.

(2) Aubry et Rau, Bonnier-Larnaude, Larombière. Dijon, 7 octobre 1893, D. 94.2.99.

ment déféré par conclusions subsidiaires, la jurisprudence a voulu, dans une époque d'indifférence religieuse, s'opposer à un usage trop fréquent du serment qui devient une prime à la mauvaise foi.

SECTION II. — **Effets de la délation.**

Le plaideur qui reçoit la délation a le choix entre trois partis : référer le serment, accepter la délation et prêter le serment, refuser.

L'incertitude de la situation peut durer jusqu'à l'expiration du délai fixé pour la prestation par le jugement de délation. Jusqu'alors et tant que le plaideur n'a pas pris parti, le *deferens* peut rétracter son offre expressément ou tacitement : c'est le droit commun en matière de pollicitation (1).

En droit romain la rétractation de la délation empêchait une délation nouvelle. Mais en ne reproduisant pas cette solution, qui est une atteinte à la liberté des conventions, le Code l'a par là même repoussée (2).

Si dans le même intervalle l'une des parties décède ou devient incapable, l'offre tombe et le serment devient impossible.

(1) Cass., 3 mai 1876, S. 76.1.216 : la rétractation tacite résulte de l'appel formé contre le jugement de délation.

(2) *Sic* : Aubry et Rau, Toullier ; *Contrà*, Demolombe, Duranton, Larombière. On ne conçoit pas, comme le disent ces auteurs, que la rétractation implique une renonciation tacite au droit de déférer à nouveau. On ajoute que le *deferens* ne doit pas se faire un jeu du serment et de la bonne foi de son adversaire. Mais celui-ci n'avait qu'à accepter immédiatement la délation.

Rélation.

Ce premier parti est le seul qui ne mette pas fin au litige ; il en recule seulement la solution.

La rélation n'est que l'exercice du droit, commun aux deux parties, de déférer : celui qui reçoit la délation ne fait qu'user de ce droit en la retournant à son adversaire. Comment celui-ci s'en plaindrait-il ? Il est mis lui-même dans la situation où il voulait mettre l'autre plaideur ; il faisait appel à sa conscience et on se fie à la sienne ; on remet entre ses mains le jugement du procès.

La rélation étant une délation est soumise aux mêmes conditions que celle-ci. Par application la rélation n'est possible que si le fait est personnel aux deux parties. La formule est la même que celle de la délation, mais le fait y est pris d'une manière inverse. De la condition du fait personnel, il résulte encore que le serment déféré par un mandataire légal, un tuteur par exemple, ne peut être référé.

Après la rélation chaque partie a usé de son droit de s'en rapporter à la conscience de l'adversaire. Admettre de nouvelles délations serait d'ailleurs tourner dans un cercle sans issue. Celui qui reçoit la rélation n'a plus que deux partis à prendre : jurer ou refuser.

Acceptation de la délation.

Cette acceptation forme avec la délation la convention de serment. Nous supposons bien entendu que l'acceptation est régulière, qu'elle émane d'une partie consentante et capable, qu'elle est faite sans modifications, conditions ni réserves, que la délation était et demeure régulière quant à son objet et à sa cause.

Telle est, nous l'avons déjà montré, la conception traditionnelle et légale du serment déféré et accepté.

Seulement nous avouons que le consentement de l'*accipiens* est bien fictif, quoiqu'il soit exagéré de dire qu'il n'existe pas du tout. Il est poussé à accepter parce que la loi ne lui permet pas de refuser sans perdre son procès. Elle exerce sur son consentement une sorte de violence, mais c'est une violence légale et par là même justifiée.

L'acceptation peut se produire sous une forme quelconque, expresse ou tacite. Ainsi elle peut résulter de la prestation immédiate, à l'audience même où a été faite la délation, ou bien de la prestation à une audience ultérieure.

A partir de l'acceptation, le *deferens* ne peut plus rétracter son offre (1), son incapacité, sa mort sont impuissants à empêcher la réalisation de la condition. De son côté l'acceptant s'étant engagé à jurer perd la faculté de référer (2).

L'acceptation ne produit pas d'autres conséquences : car la partie qui refuse le serment après l'avoir accepté perd son procès, comme celle qui refuse sans avoir jamais accepté. De même nous verrons que le décès ou l'incapacité du prestataire survenue avant la prestation, empêche celle-ci : peu importe que le prestataire ait déjà ou non accepté la délation.

(1) Sur ce point l'article 1364 nous semble mal rédigé : on ne peut plus rétracter quand l'adversaire a *déclaré* qu'il est *prêt à faire le serment*. A la lettre cela signifierait que l'acceptation ne peut être tacite et qu'au moment de l'acceptation l'acceptant doit pouvoir jurer. Il suffit évidemment qu'il jure au jour fixé.

(2) *Sic* : art. 1368, C. civ. italien.

Les causes de nullité ordinaires des conventions sont ouvertes contre la délation acceptée : mais s'il y a jugement donnant acte de la convention, celle-ci ne peut plus être attaquée que sous la forme des voies de recours contre les jugements (appel, ou requête civile si le jugement est en dernier ressort) articles 443 et 483 du Code de procédure civile.

Nous savons du reste que la prestation emporte acquiescement pour le prestataire et pour le *deferens* s'il est présent, à moins cependant, pour ce dernier, que la prestation ne suive la délation immédiatement et à la même audience.

Prestation.

C'est la réalisation de la condition potestative qui suspend les effets du serment décisoire. En se décidant à jurer ou à refuser le serment, on accomplit un acte volontaire qui fait gagner ou perdre le procès. Il faut donc, ce nous semble, que le prestataire agisse dans la plénitude de son consentement et avec la capacité de disposer de l'objet de la contestation. Mais la capacité de transiger n'est plus nécessaire, puisque la transaction s'est définitivement formée dès que la délation a été acceptée (1).

Pour constituer un véritable appel à la conscience et réaliser les garanties religieuse et morale, le serment doit être prêté par la partie en personne (2), et non par mandataire, conventionnel ou légal.

(1) *Contrà*, Labbé sur S. 89.2.41.

(2) V. pour un tuteur, S. 60.2.425 ; pour un directeur de société, Lyon, 12 février 1890, D. 91.2.247 ; *Idem*, article 1362 du Code civil italien ; article 2520 du Code civil portugais ; article 440 du Code de procédure civile allemand : toutefois le serment peut être déféré à un représentant légal (art. 435).

L'ancien droit et le projet du Code civil permettaient de jurer par procureur : mais le Conseil d'Etat modifia le projet.

On doit jurer au jour fixé par le jugement de délation à peine d'être censé refuser le serment. Cependant en présentant une excuse valable la partie pourrait attaquer le jugement qui l'a condamnée et prêter serment ultérieurement (1). On jure en principe à l'audience du tribunal qui a ordonné le serment. « La présence du juge et le respect du lieu, disait Henrys, imprime quelque terreur et tel qui ne ferait point scrupule de se parjurer en maison privée n'a pas l'assurance de le faire dans un auditoire. » Si la partie ne peut se présenter devant ce tribunal, pour cause d'éloignement ou de maladie par exemple, le tribunal ordonne le transport du juge au domicile de la partie ou délègue le juge de paix du lieu pour recevoir le serment (art. 121, C. proc. civ.). L'ancienne coutume des prestations de serment devant notaire a été abolie par le Code de procédure (2). Quand la partie se trouve dans l'impossibilité de venir jurer devant le tribunal comme le jugement le lui prescrivait, elle adresse au tribunal une requête avec pièces justificatives (certificat de médecin, par exemple), et signifie cette requête à l'avoué de l'adversaire avec avenir, car le *deferens* peut avoir grand intérêt à contester la légitimité de l'empêchement. Un juge est commis pour faire prêter serment à domicile ; on lui adresse requête à fin d'obtention de jour, puis on somme l'avoué adverse d'assister à la prestation (3).

(1) Tribunal de la Seine, 26 janvier 1878, *Droit*, 3 février 1878.

(2) Locré, t. 21, p. 421.

(3) Un arrêt récent confirme ce mode de procéder. Il décide que la fixation du lieu de la prestation est une simple mesure d'exécution qui

Mais dans l'hypothèse normale où le serment est prêté devant le tribunal, nous avons déjà vu comment le *deferens* est prévenu d'y assister. Sa présence n'est pas d'ailleurs indispensable.

La prestation a lieu dans la forme et avec la formule que nous avons maintes fois signalées : debout, découvert, la main droite levée, en disant : je jure que etc... (1). Nous n'avons de même rien à ajouter à ce que nous avons dit sur la question du serment *more judaico* et sur les points qui s'y rattachent ; la question n'a guère été agitée en matière de serment décisoire.

M. Larombière fait remarquer qu' « indépendamment des formes du serment, le juge peut prendre les mesures qu'il croit convenables pour assurer la sincérité du serment, remontrances, admonitions à la partie sur les peines du parjure ; ajourner la prestation à une autre audience pour lui ménager le moyen de se désister sans éclat de ses prétentions ». Tous ces exemples sont acceptables, mais la formule est trop absolue. Il ne faudrait pas imiter le juge de Besançon dont Proudhon nous rapporte plaisamment les pratiques : « Il s'était avisé d'établir chez lui une espèce d'oratoire, dans lequel il conduisait le plaideur prêt à lever la main, quand il lui connaissait des principes de religion

peut être modifiée en tout état de cause, si les circonstances l'exigent, et sans qu'il y ait lieu à appel du jugement qui a ordonné la prestation. Rej., 4 mai 1898, D. 98.1.454. Dans l'espèce, la princesse Dolgorouki étant rentrée en Russie, retour de Paris, sa prestation de serment qui devait avoir lieu originairement en France fut confiée au tribunal de St-Pétersbourg commis rogatoirement.

(1) Cf. C. proc. allem., art. 443 : « Je jure devant Dieu tout puissant et omniscient... que Dieu me soit en aide ».

Le serment prêté la main gauche levée est valable, Cass., 26 juillet 1866, D. 67.5.398.

et qu'il le soupçonnait porté à un acte de mauvaise foi. Le plaideur entré trouvait là un autel et le livre saint entre deux cierges allumés... Il renonçait au serment et le procès était terminé. Quelque louable que fût l'intention de ce magistrat, il excédait ses pouvoirs. Aussi le procureur général crut-il devoir interdire d'user de ce moyen ».

La prestation est faite dans les termes mêmes fixés par la délation, sans tergiversations, ni réticences : celles-ci feraient considérer le serment comme refusé (1), à moins qu'il ne s'agît que d'une modification portant sur une circonstance du fait accessoire et indifférente (2), ou d'une simple explication ajoutée à une prestation régulière : un serment motivé n'est pas un serment modifié (3).

La prestation de serment est indivisible comme l'aveu quand elle porte sur un fait connexe au fait qui constitue l'objet de la délation. Exemple : jurez que vous ne m'avez pas promis 1.000 francs. J'avoue que je les ai promis, mais je jure que je les ai payés. La prestation s'impose dans son entier; c'est comme si on jurait qu'on n'a rien promis.

En outre quand la délation porte sur plusieurs faits, la prestation peut être faite sur les uns et refusée sur les autres. Mais si, par suite de la connexité des faits, ces réponses divergentes contiennent une contradiction, le serment sera tenu pour refusé en son entier (4).

Dans les hypothèses du serment de crédulité, les termes du serment sont précisés par les articles 2275 du Code civil

(1) Brive, 12 janvier 1890 et Limoges, 6 mai 1890, D. 91.2.67.

(2) *Sic* : article 431, alinéa 2, du Code de procédure civile allemand : il est permis de rectifier la teneur du serment, sur des points de minime importance.

(3) Liège, 5 avril 1873, *Pasicrisie*, 73.2.213.

(4) Cass., 8 mars 1852, D. 52.1.73.

et 189 du Code de commerce. S'en écarter équivaudrait à un refus.

Quand enfin un tribunal étranger demande à un tribunal français de recevoir un serment ou réciproquement, on applique la règle *Locus regit actum*. La prestation est faite suivant les formes usitées dans le pays à moins que le tribunal déléguant n'ait déterminé une formule spéciale (1).

Il faut noter que dans certains cas la prestation est tenue pour accomplie, bien qu'en réalité elle ne l'ait pas été. Tel le cas où elle est empêchée par suite des manœuvres du *deferens* (art. 1178, C. civ.), ou encore si le *deferens* dispense son adversaire de l'obligation de jurer (2). Mais il en serait différemment si le défaut de prestation était dû à un simple cas fortuit, par exemple au décès ou à l'incapacité du prestataire même après son acceptation. Est-il bien certain en effet que la partie qui ne reculait pas devant le parjure au moment d'accepter n'eût pas été arrêtée par sa conscience au moment de jurer ? Le serment n'est donc ni prêté, ni refusé ; la délation est non avenue (3).

La prestation est constatée authentiquement par le procès-verbal que dresse le greffier. Sans que ce procès-verbal doive être signifié au *deferens* (4), un jugement donne acte

(1) *Sic* : Trib. com. Seine, 29 octobre 1829. Ce jugement décide très justement qu'on ne peut du reste employer les formes étrangères « que si elles sont susceptibles d'être pratiquées dans l'enceinte de l'audience ». *Adde* : Trib. Seine, 6 août 1833. Cf. Laurent, *Le droit civil international*, t. 8, p. 103.

(2) *Sic* : 429, al. 1, C. pr. civ. allemand ; 1371, C. civ. italien : mais l'article y met cette condition que l'adversaire se soit déjà déclaré prêt à jurer.

(3) *Sic* : Auteurs en général ; Caen, 20 janvier 1846, S. 46.2.499 ; Chambéry, 21 mars 1879, S. 79.2.300 ; Cependant des arrêts ont considéré le serment comme prêté (Douai, 26 mai 1814, S. 15.2.234).

(4) *Sic* : Turin, 31 décembre 1810, S. 11.2.182. Au contraire quand

de la prestation et renvoie le *deferens* des fins de sa demande s'il était demandeur, ou le condamne au profit du *jurans* s'il était défendeur.

En pratique la procédure est simplifiée : en rendant son jugement de délation le tribunal condamne le *deferens* à l'avance sous la condition de la prestation du serment (1).

Ce procédé n'affranchit pas de la nécessité d'un second jugement pour donner acte de la prestation de serment et décider que le jugement conditionnel sortira son plein et entier effet (2).

Le jugement de condamnation est susceptible d'appel ou de requête civile si la délation ou la prestation a été irrégulière en la forme ou au fond.

Le serment prêté produit les effets d'une transaction conditionnelle dont la condition s'est réalisée. Le litige est définitivement tranché comme par un jugement en dernier ressort (art. 2052, C. civ.). C'est pourquoi les Romains disaient : *majorem habet auctoritatem quam res judicata.* Comme toute transaction, le serment prêté a un effet déclaratif : ce qui est juré est tenu pour vrai, le droit ou l'absence de droit est considéré comme ayant toujours été établi. Rappelons les conséquences ordinaires de l'effet déclaratif : le serment ne forme pas un nouveau titre pour la prescription, ne donne pas lieu au paiement d'un droit proportionnel de mutation, ni à la transcription si le bien litigieux est un immeuble.

on veut faire usage d'un interrogatoire sur faits et articles il faut le signifier à l'adversaire (art. 335, C. pr.).

(1) Ce système des jugements conditionnels est suivi en droit allemand ; mais il y a une base légale (art. 425, 427).

(2) *Sic*, article 427 du Code de procédure civile allemand : « Un jugement constate ensuite s'il y a eu refus ou prestation. »

La force probante du serment ne s'étend d'ailleurs qu'à ce qui a été décidé par la prestation. Sur ce point on applique les conditions connues en matière de chose jugée : *eadem res, eadem causa petendi, eadem conditio personarum*. Mais dans ces limites la force probante est absolue. L'adversaire, dit l'article 1363, n'est pas recevable à prouver la fausseté du serment prêté. C'est du reste la loi que se sont faite les parties. Convenant de trancher leur débat par un serment, elles se sont par là même interdit toute contestation ultérieure. L'aveu le plus formel du prestataire ne détruirait pas l'effet de la prestation ; de même, si on découvrait des pièces décisives établissant indubitablement la fausseté du serment ou si le parjure était puni par les tribunaux criminels (1). Nous supposons bien entendu que la délation et la prestation ont été régulières.

La foi du serment est restreinte aux parties et à leurs ayants cause universels : l'article 1365, alinéa 1er pose ce principe, qui est bien en harmonie avec les articles 1165 et 1122 du Code civil. Ainsi la partie qui défère le serment à un co-héritier sur l'existence d'une dette successorale n'est pas liée vis-à-vis des autres héritiers par le serment prêté.

Cependant l'application du principe soulève des difficultés quand les co-obligés ou co-créanciers ont entre eux le lien de la solidarité, de l'indivisibilité ou du cautionnement.

Le premier et le dernier de ces cas sont seuls réglés, et encore d'une façon incomplète, par l'article 1365, alinéas 2 à 5. Pour ne pas scinder nos explications, nous parlerons par anticipation du refus de serment comme de la délation et de la prestation.

(1) Nous reviendrons sur ce point en parlant de la répression du faux serment.

L'alinéa 6 fait l'observation évidente que la question de l'effet du serment vis-à-vis des consorts ne se pose que s'il y a délation sur l'existence même de la dette et non sur l'existence de la solidarité ou du cautionnement. *De re et non de persona jurantis juratum sit*, rappelle Pothier (*Obligations*, n° 923).

Solidarité.

L'idée du Code, appliquée dans les alinéas 2 et 4, est qu'il y a mandat tacite entre consorts (co-créanciers ou co-débiteurs) solidaires pour faire les actes utiles, mais non pour faire les actes nuisibles (1). La délation est un acte nuisible, car en la faisant on ne peut savoir si elle aboutira à la prestation ou au refus de l'adversaire. Le refus est franchement nuisible. Seule la prestation est un acte utile. En conséquence la prestation du co-débiteur solidaire, sur délation d'un créancier unique, libère les co-débiteurs (alin. 4), la prestation d'un débiteur unique sur délation d'un co-créancier solidaire ne nuit pas aux co-créanciers, ne libère le débiteur que pour la part du *deferens* dans la créance (alinéa 2). Les autres hypothèses seraient facilement résolues d'après le même principe.

(1) S'il y a mandat, les consorts ne sont pas entre eux des tiers ; rien d'étonnant que le serment puisse avoir un effet collectif, il n'y a pas là d'exception au principe *res inter alios acta*, rappelé par l'article 1365, alinéa 1. Le mot « néanmoins » qui commence l'alinéa 2, et semble annoncer une exception au principe, est donc inexact. Il a été reproduit par inadvertance de Pothier.

Indivisibilité.

Le Code ne s'occupe point de ce cas (1).

Des auteurs appliquent les mêmes solutions qu'en matière de solidarité (2). Mais on reconnaît en général avec raison qu'il n'y a aucun mandat tacite entre consorts d'une obligation indivisible. Le serment doit donc avoir un effet purement individuel (3).

Cautionnement.

L'idée que nous avons formulée pour la solidarité trouve aussi son application pour le cautionnement.

La prestation du débiteur principal, sur délation du créancier unique, libère la caution (alinéa 3). Cette solution se justifie d'ailleurs par bien des raisons. D'abord l'obligation de la caution est accessoire et ne saurait subsister sans l'obligation principale. La caution est libérée, parce que la subrogation dans les droits du créancier ne peut plus, par le fait de la délation de ce créancier, s'opérer en faveur de la caution (art. 2037, C. civ.). Si enfin la caution restait tenue, après avoir payé elle aurait recours

(1) Le Code de procédure civile allemand traite la question dans l'article 434. Cet article semble révéler deux particularités curieuses : 1° Le serment ne peut être déféré en principe qu'à tous les consorts de la chose indivisible et non séparément à un ou à quelques-uns d'entre eux.

2° Si parmi les consorts qui ont reçu la délation les uns prêtent serment et les autres refusent, le tribunal ne peut appliquer à chacun d'eux une solution individuelle. Il doit décider pour tous si le serment a été prêté ou refusé.

(2) Larombière, 5.1365, Huc.

(3) Duranton, 13.607. Demolombe, M. Boistel à son cours.

contre le débiteur principal et « ce serait de la part du créancier éluder les effets du serment » (1).

La prestation de la caution sur délation du créancier unique profite au débiteur principal (alinéa 5) ; l'idée du mandat explique cette solution (2).

Refus de serment.

C'est le dernier parti auquel celui qui reçoit la délation puisse avoir recours.

Le serment doit être considéré comme refusé, chaque fois qu'il n'est pas prêté tel qu'il a été déféré. Un refus exprès ou formel sera rare. Celui qui a assez de conscience pour refuser le serment, aura honte de venir déclarer à la face du tribunal qu'il a porté une mauvaise chicane en justice. Le plus souvent la partie voilera son refus sous des faux fuyants. Elle ne consentira à jurer qu'avec des modifications, elle ne se présentera pas à la prestation (3) ; elle répondra je ne me souviens pas (4).

La partie qui refuse un serment valablement déféré

(1) Bigot-Préameneu (Fenet, t. 13, p. 310).

(2) Nous laissons de côté le rapprochement du serment avec le paiement fait à propos de notre solution par Bigot-Préameneu (Fenet, t. 13, p. 310). Bien qu'il vienne du droit romain (*jusjurandum loco solutionis cedit*) il nous paraît complètement inexact dans les applications qu'on en fait.

(3) L'article 430 du Code de procédure civile allemand vise expressément ce cas.

(4) L'opinion générale et la jurisprudence considèrent cette réponse comme un refus (Cass., 9 juin 1863, D. 63.1.468 ; Dijon, 27 octobre 1893, D. 94.2.99). Cependant elle peut en raison des circonstances, équivaloir à une prestation formelle, si par exemple il s'agit d'un fait très ancien et auquel le prestataire n'a pas dû vraisemblement accorder grande attention (Besançon, 1er février 1856, D. 56.2.86).

« doit succomber dans sa demande ou dans son exception » (art. 1361). Le refusant, s'il est demandeur, est renvoyé des fins de sa demande ; défendeur, il est condamné à exécuter ce que réclame le demandeur.

On analyse le refus en un aveu tacite du contraire du fait sur lequel portait la délation, et par suite, du mal fondé de la prétention (1). Or l'aveu fait pleine foi contre celui qui l'a fait (art. 1356, al. 2) (2).

Le refus, dit-on pour justifier son assimilation à un aveu, ne peut être attribué qu'à la honte ou à la crainte de se parjurer en affirmant devant les juges un fait dont au fond du cœur on reconnaît la fausseté. On pourrait observer qu'il y a des personnes dont la conscience répugne au gain du procès par un moyen aussi facile, mais le nombre en est si rare que le législateur a pu le considérer comme un élément négligeable.

Le refus de serment n'est pas plus que la prestation opposable aux tiers (3). Sur ce point nous nous reportons à ce que nous avons dit, à propos des effets de la prestation.

(1) Bigot-Préameneu (Fenet, t. 13, p. 308). Cf. 429, al. 2, C. pr. civ. allemand. Bien que l'article 1356, alinéa 1, définisse l'aveu une « déclaration », il ne faut pas en faire une objection à l'assimilation du refus de serment et de l'aveu. L'article 330 du Code de procédure civile a lui-même considéré comme un aveu le silence de la partie interrogée sur faits et articles ou interpellée dans une comparution.

(2) Il pourrait seulement être rétracté pour erreur de fait (art. 1356, al. 4).

(3) Colmar, 5 mai 1819, S. 20.2.213.

CHAPITRE V

SERMENT SUPPLÉTOIRE.

MM. Aubry et Rau définissent le serment supplétoire, celui que le juge défère d'office à l'une des parties pour compléter sa conviction. Cette formule concise a l'avantage de nous présenter un élément distinct que l'article 1357-2° a négligé.

Le serment supplétoire est d'abord comme tout autre serment un appel solennel à la conscience et aux convictions religieuses d'une personne ; on réclame du plaideur un acte volontaire et de disposition et le parti qu'il prendra pourra entraîner le gain ou la perte du procès. Ensuite, et par retour aux principes de la théorie des preuves, c'est une preuve dont le juge est maître et non les parties, qu'il administre *cognitâ causâ* et qui ne s'impose jamais à sa conviction. Enfin la condition spéciale de l'article 1367-2°, fait du serment supplétoire une simple preuve complémentaire.

Acte de conscience et de disposition, mode de preuve dépourvu de tout caractère conventionnel (1), entièrement soumis au juge et sans effet décisoire nécessaire, tels sont les traits essentiels du serment supplétoire, qui expliquent

(1) On reconnaît que Zachariæ s'est placé à un faux point de vue en considérant le serment supplétoire comme une espèce de transaction que le juge ménage entre les parties ou qu'il conclut avec l'une au nom de l'autre.

toutes les règles pratiques que nous rappellerons rapidement.

SECTION I. — Conditions de recevabilité de la délation.

La délation ne peut être adressée qu'à celui qui a la disposition du droit litigieux, c'est-à-dire à l'une des parties litigantes, et non pas à un tiers (1) (art. 1357-2°, art. 1366); et la partie doit être capable de disposer de ce droit (2). Il faut aussi qu'il y ait un objet litigieux et que cet objet soit susceptible de disposition. Nous renvoyons à ce qui a été dit pour le serment décisoire, sauf les observations suivantes. En ce qui touche la prescription, nous n'admettons pas qu'elle puisse être combattue dans le cas des articles 2275 et 189 du Code de commerce par le serment supplétoire. Il est exclu par le texte limitatif de l'article 2275, et il y a une analogie étroite entre le cas de cet article et celui de l'article 189 (3).

Les auteurs admettent généralement que le serment supplétoire peut être déféré devant les tribunaux administratifs. Le danger du serment est en effet moins grand quand il n'a pas d'effet décisoire et est confié à la prudence du juge, que si la loi l'abandonne à la fantaisie des plaideurs. Mais on avait invoqué pour repousser le serment décisoire un autre argument, et il subsiste intégralement

(1) Exemple : le mari qui ne figure à l'instance que pour autoriser sa femme, ou *a fortiori* la femme du plaideur (Chambéry, 14 juillet 1866, D. 66.2.207).

(2) Il y a là, ce nous semble et malgré le silence des auteurs, une différence avec le serment décisoire qui exige la capacité de transiger.

(3) V. en ce sens Chambéry, 3 mars 1891, D. 92.2.334.

pour le serment supplétoire : aucun texte positif ne le consacre en matière administrative.

Le serment supplétoire en matière criminelle fut beaucoup employé dans les temps anciens, principalement comme serment purgatoire (1).

On sait que ce serment accompagné du serment des cojureurs était d'un usage courant chez les Francs et les Romains (2). Il était devenu beaucoup plus rare dans la procédure des cours féodales (3), mais le droit canon le remit en honneur sous le nom de *purgatio canonica* (4).

Plus tard, le serment de l'accusé en matière criminelle fut réduit au seul serment de dire la vérité : d'affirmatif, il devient promissoire. Aussi en avons-nous dit un mot à propos de cette dernière espèce de serment (p. 33).

Sous les réserves qui viennent d'être rappelées, le serment supplétoire est admissible en toute matière, personnelle ou réelle, mobilière ou immobilière. Dans l'ancien droit, on exceptait les « causes de grande importance » (5). Mais Pothier nous donne comme exemple les causes de mariage. S'il s'agissait donc des questions d'état, il n'y a pas en réalité de différence avec le droit actuel ; l'expression, causes de grande importance est impropre, car l'exclusion du serment supplétoire tient alors à la nature du litige, non à son importance.

Mode de preuve, le serment supplétoire ne peut porter

(1) On le trouve aussi déféré chez certains peuples à l'accusateur pour établir son allégation : Ex. : *Lois Galloises*, Ed. Wotton, 3.3.31.

(2) Exemple : Grégoire de Tours, *Hist. des Francs*, 8-9 ; *Formules de Marculfe*, ch. 38 ; *L. Rip.*, 6, 7, 11, 17.

(3) Esmein, *Histoire de la procédure criminelle*, p. 46.

(4) Esmein, *op. cit.*, p. 68, 69.

(5) Pothier, *Obligations*, n° 925.

que sur un fait, non sur un droit, et seulement sur un fait dont la preuve est admise (1).

Nous pensons que le fait doit être personnel au prestataire. C'est seulement à cette condition que le serment peut être l'acte de conscience qu'on veut provoquer. Il y a là une exigence qui tient à l'essence même du serment; aussi ne nous arrêtons-nous pas à l'objection tirée de ce qu'aucun texte ne prescrit notre condition pour le serment supplétoire. Tout au plus pourrait-on admettre le cas où la partie déclare avoir une connaissance personnelle du fait (2). Mais on devrait repousser le serment déféré à un héritier sur le fait de son auteur ou *à fortiori* à une personne quelconque sur le fait d'un tiers (3). Nous avons déjà dit que les articles 2275 du Code civil et 189 du Code de commerce sont spéciaux au serment décisoire.

Le fait doit aussi être relevant, c'est-à-dire susceptible de fournir au juge un élément de conviction : point n'est besoin qu'il soit décisif, puisque le serment supplétoire n'a pas d'effet décisoire.

L'article 1367 détermine deux conditions spéciales de recevabilité (4). 1re condition : 1367-1° : « que la demande ou l'exception ne soit pas pleinement justifiée ». Il ne faut pas entendre par là, comme on serait tenté de le faire au

(1) Il ne serait pas reçu en matière d'inscription de faux sur un fait étranger aux moyens de faux dont la preuve a été admise (Poitiers, 27 novembre 1850, D. 51.2.93).

(2) *Sic* : auteurs et jurisprudence. *Id.*, Code de procédure civile allemand, art. 410.

(3) *Contrà* : Jurisprudence constante et opinion générale. Cass., 19 novembre 1878, S. 79. 1.12; 14 février 1898, D. 98.1.112. D'après ces arrêts le serment peut être déféré à un héritier sur le fait quelconque du *de cujus*.

(4) *Id.*, 1375 du Code civil italien, Cf. D. 12.2, *de jurej.*, L. 31 : *in dubiis causis*. C., 4.1, *de reb. creditis*, L. 3 : *inopia probationum*.

premier abord, que le serment supplétoire ne puisse être déféré *contre* une prétention déjà établie jusqu'à preuve contraire. L'article 1367 défend au contraire de déférer le serment à la partie qui a fait cette preuve. C'est du reste le droit commun. Quand un plaideur a fait preuve de son droit, par exemple par un écrit authentique ou privé, le juge ne saurait sans excès de pouvoir en imposer une autre (1). L'article 1637 s'est cependant expliqué sur ce point parce qu'il en est autrement dans le serment décisoire, où chaque partie peut en tout état de cause exiger le serment même d'un adversaire qui aurait déjà fait sa preuve.

Celui qui reçoit une délation au mépris de l'article 1367-1°, peut impunément refuser le serment : si malgré cela le tribunal le condamnait, il lui serait fait droit en appel ou en cassation (2). Son adversaire au contraire ne saurait attaquer cette délation. Sans elle il eût succombé, avec elle il retrouve une chance, si faible soit-elle, de triompher (3).

2e Condition. Article 1367-2° : « que la demande ou l'exception ne soit pas totalement dénuée de preuves. »

Malgré cette rédaction indécise, on s'accorde à exiger un commencement de preuve légalement admissible. Ainsi dans tous les cas où la loi repousse la preuve testimoniale, des témoignages ou des présomptions du fait de l'homme seront insuffisants pour permettre la délation du

(1) Nous laissons naturellement de côté le preuve testimoniale qui est toute de conviction.

(2) Cf. Pothier, 923. Il admet bien notre condition dans le n° 922 mais il en repousse la sanction. « Il ne coûte rien, dit-il, d'affirmer ce qu'on sait être vrai. »

(3) Cass., 6 mars 1878, D. 79.5.381.

serment (1). Il faudrait un aveu (2) ou un commencement de preuve par écrit répondant aux conditions de l'article 1347 (3). En matière commerciale un témoignage serait toujours suffisant (4).

Enfin, dans quelques hypothèses notre condition n'est pas exigée avec la même rigueur. D'abord l'article 1329 du Code civil après avoir posé le principe que les registres des marchands ne font pas preuve contre les non marchands pour les fournitures qui y sont portées, ajoute : « Sauf ce qui sera dit à l'égard du serment. » Malgré le vague de ces expressions, on décide généralement que cet article ne vise pas le serment décisoire, car sa disposition, en reproduisant le droit commun, serait dépourvue de portée, mais qu'il permet de déférer le serment supplétoire au commerçant, dans un cas où la deuxième condition de l'article 1367 n'est pas réalisée. La loi a considéré comme un commencement de preuve suffisant les registres régulièrement tenus du commerçant (5), bien qu'alors l'écrit, au lieu d'émaner de l'adversaire (art. 1347), émane de la partie qui l'invoque, par exception au principe que nul ne peut se créer un titre à soi-même. Cette faveur est due principalement aux formalités rigoureuses auxquelles

(1) Besançon, 29 juin 1892, D. 93.2.555 ; Cass., 10 février 1896, D. 96.1.351 ; Pothier (*Oblig.*, n° 924) se contente d'indices quelque légers qu'ils soient. Les anciens docteurs exigeaient une semi-preuve, sans jamais s'entendre sur la portée de ce mot.

(2) Nous supposons que l'aveu ne porterait pas sur un point décisif sans quoi la première condition de l'article 1367 s'opposerait à la délation du serment. Cass., 24 juillet 1865, D. 65.1.467 ; 11 juin 1873, D. 73.1.478 ; Cass., 29 décembre 1879, D. 80.1.375.

(3) Ainsi une facture non acceptée n'autoriserait pas la délation du serment supplétoire. Cass., 15 avril 1885, D. 85.1.412.

(4) Cass., 26 octobre 1886, D. 87.1.106.

(5) Art. 13, C. com.

sont soumis les livres de commerce, et qui donnent à leurs constatations une valeur que n'ont pas les écrits privés (1).

Une deuxième exception résulte de l'article 17 du Code de commerce. Si le juge ordonne en vertu de l'article 15 du Code de commerce la représentation des livres du plaideur commerçant et que ce dernier refuse, le juge est autorisé à voir dans ce refus une sorte d'aveu ou une présomption suffisante pour déférer le serment à l'autre partie.

Il ne faut pas voir dans l'article 1715 une troisième exception à l'article 1367-2°. Selon l'article 1715 la preuve d'un bail ne peut jamais être reçue par témoins ; mais pour bien limiter la portée de son exclusion, il ajoute : le serment peut seulement être déféré à celui qui nie le bail. En rejetant la preuve testimoniale, le législateur a manifesté simplement sa volonté de respecter le droit commun de la preuve par serment (2). Il n'a point songé, comme sa rédaction prise à la lettre pourrait le laisser croire, à consacrer le serment du défendeur même sans commencement de preuve et à repousser tout autre.

Sous les conditions qui viennent d'être déterminées, le juge peut toujours et en tout état de cause déférer le serment supplétoire. Il n'y est jamais tenu, mais il arrive qu'il s'y détermine sur des conclusions des parties produites en ce sens. Il désigne souverainement la partie à laquelle la délation s'adresse. Mais en fait, son choix s'arrêtera sur celle qui inspire le plus de confiance ou dont les preuves sont les plus fortes, toutes choses égales sur celui qui n'a pas la charge de la preuve, qui obtiendrait

(1) Locré, t. 12, p. 399 et 517 ; Pothier, n° 753. Cass., 22 juillet 1872, D. 73.1.110 ; 10 mai 1892, S. 93.1.486.

(2) Cf. Locré, t. 14, p. 409 et 456. L'article 1715 a eu pour but d'éviter des procès qui auraient ruiné les petits locataires.

gain de cause si la preuve n'était pas fournie : *actore non probante reus absolvitur*. En un mot « c'est un choix dans lequel on a présumé que le juge a été déterminé par des motifs qui doivent influer sur la découverte de la vérité » (1). Seulement le serment ne peut être déféré qu'à l'une des parties, non aux deux (art. 1357-2°, 1366) (2). Ce serait provoquer à plaisir des serments contradictoires et faire ainsi éclater le parjure aux yeux de tous.

Un interlocutoire est nécessaire pour déférer le serment, puisque la délation émane du juge (3). Ce jugement détermine, à peine de nullité, les faits sur lesquels le serment sera reçu (art. 120, C. proc. civ.). Il mentionne l'existence des conditions spéciales de l'article 1367 : lorsque la loi ne donne un pouvoir au juge que sous certaines conditions, il est de principe que l'accomplissement de ces conditions doit être constaté (4).

Les auteurs et la jurisprudence décident qu'en vertu de l'adage : l'interlocutoire ne lie pas le juge, celui-ci reste toujours maître de rétracter son jugement de délation, notamment si des pièces ont été découvertes ou recouvrées qui établissent avec certitude la vérité ou la fausseté du fait (5). La portée ainsi donnée à l'adage indiqué nous

(1) Fenet, t. 13, p. 310.

(2) Dans l'ancien droit, c'était la ressource des mauvais juges. D'après l'anecdote si souvent rapportée (V. par exemple Boncenne, t. II, p. 504 en note). La Fontaine l'avait déjà mise en vers : *Contes*, livre 1, 10. Messire Houlyer, conseiller du roi au siège de Melle en 1645, n'ayant pu dissiper ses doutes par la délation du serment aux deux parties, ne trouva rien de mieux pour sortir d'embarras et décider le procès que de les faire tirer à la courte paille.

(3) Chambéry, 19 mai 1897, S. 97.2.334.

(4) Cass., 13 avril 1885, D. 85.1.413.

(5) Limoges, 23 mars 1825, S. 26.2.194 ; Toulouse, 3 juillet 1827, S. 28.2.110.

paraît inexacte. La règle : l'interlocutoire ne lie pas le juge, se réfère uniquement à la foi due au serment prêté. Au contraire, l'interlocutoire a l'autorité de la chose jugée pour les décisions définitives qu'il contient, en l'espèce pour l'admissibilité de la preuve par serment. Le jugement de délation ne peut pas plus être rétracté que celui qui ordonne une enquête (1). La solution des arrêts indiqués semble fondée, mais sur une raison tout autre que la volonté arbitraire du juge. D'abord dans l'espèce de la Cour de Toulouse la partie était décédée avant la prestation de serment : celle-ci devenait donc impossible. Dans les autres, il faut noter également que par la découverte ou le recouvrement d'une pièce décisive en faveur de celui qui devait jurer, les conditions de validité de la délation cessent d'être remplies, puisque la demande devient pleinement prouvée (art. 1366-1°).

L'interlocutoire est sujet aux voies de recours ordinaires. Il sera annulé si la délation n'était pas valable, à moins que la partie n'ait acquiescé. Un acquiescement tacite résulte du fait de venir prêter serment à l'audience ou d'assister à la prestation sans protestations, ni réserves ; le tout à condition que la prestation n'ait pas eu lieu immédiatement et à la même audience que la délation. S'il n'y a pas eu acquiescement, la partie peut toujours recourir si elle se trouve encore dans les délais (2).

Si le jugement est exécuté à la requête du prestataire, il est signifié à avoué avec sommation de faire assister sa partie à la prestation au jour fixé ; il est signifié à partie quand celle-ci n'a pas d'avoué (121-3°, C. pr.).

S'il est exécuté à la diligence de l'adversaire du presta-

(1) En ce sens : Bonfils, *Traité de Procédure*, n°s 782 et 620.

(2) Grenoble, 18 février 1854, S. 55.2.751.

taire, il doit être signifié à partie comme à avoué, car il est de principe que tout jugement qui ordonne un acte à accomplir par la partie doit lui être personnellement signifié. La signification n'est inutile que si la prestation a lieu séance tenante en présence des parties (1).

SECTION II. — **Effets de la délation.**

Celui qui reçoit la délation du serment supplétoire n'a que deux partis entre lesquels il puisse choisir : jurer ou refuser de jurer. Il ne peut référer puisqu'il s'agit d'un mode de preuve dont le juge est seul maître (2) ; et d'ailleurs la confiance qu'une partie a inspirée au juge ne se communique pas nécessairement à l'autre.

La prestation de serment n'est valable que si, au moment où elle se produit, les conditions de la délation subsistent. Ainsi la partie qui après la délation aurait formellement manifesté sa volonté de jurer, puis deviendrait incapable, ne pourrait plus jurer valablement. La délation serait non avenue et le juge devrait se décider d'après les autres éléments de la cause : la prestation est à la fois un acte de conscience et de disposition. Même solution si la partie venait à décéder (3).

Acte solennel et de conscience, le serment est fait à l'audience et en personne (art. 120, C. proc.). (Pour l'application du principe et les tempéraments qu'il comporte, voir ce qui a été dit à propos du serment décisoire.)

(1) Civ. rej., 10 mai 1842, D. 42 1.223.

(2) *Id.*, 1376, C. civ. italien. Pothier, *Oblig.*, n° 928. Locré, t.12, p.415.

(3) Sur tous ces points : Caen, 20 janvier 1846, S. 46.2.499 ; Chambéry, 21 mars 1879, S. 79.2.300.

La forme et la formule sont identiques à celles du serment décisoire.

Quant au refus de serment, il peut se manifester avant le jour fixé pour la prestation. Fait en pleine capacité et connaissance de cause, il est définitif et ne saurait être rétracté de façon à jurer au jour fixé. Les circonstances d'où résulte le refus sont d'ailleurs les mêmes que pour le serment décisoire.

Pour les effets de la prestation ou du refus, il faut appliquer l'adage, l'interlocutoire ne lie pas le juge.

Le serment supplétoire est une preuve de pure conviction comme la preuve testimoniale. La preuve contraire peut être faite bien qu'elle constitue la preuve du faux serment. Jamais sa foi ne s'impose au juge, qui pourrait condamner celui qui a juré, comme donner gain de cause à celui qui a refusé le serment (1). Seulement en fait c'est le contraire qui a lieu, car ce serait une bien grande légèreté de déférer un serment, puis de n'en tenir aucun compte.

En tous cas nous ne saurions admettre ici la pratique des jugements conditionnels, parce qu'il est contraire à la nature du serment supplétoire d'y attacher *à priori* un effet décisoire. Le juge ne peut aliéner à l'avance son pouvoir d'appréciation et les éléments de formation de sa conviction.

Les voies de recours ordinaires sont ouvertes contre le

(1) Notons à ce propos la mauvaise rédaction de l'article 1366 qui emploie pour le serment supplétoire les mêmes termes que l'article 1357 pour le serment décisoire : serment déféré « pour en faire dépendre la décision de la cause ». Un arrêt récent s'inspire maladroitement dans un de ces considérants de cet article 1366 (Chambéry, 19 mai 1897, D. 97.2.334).

jugement au fond qui suit la prestation ou le refus de serment. C'est une différence avec le serment décisoire qui repose sur une transaction. Le serment supplétoire déféré, prêté, refusé en première instance ne lie pas le juge d'appel. Il peut n'en tenir aucun compte et en déférer un autre soit à la même partie, soit à l'autre, et toujours sans préjudice de la preuve contraire (1). Toutes ces conséquences sont comprises dans l'effet dévolutif de l'appel.

On ne saurait voir du reste dans la prétention d'un faux serment une ouverture à requête civile : le faux serment n'est pas par lui-même un dol personnel (Cf. 480, C. proc.), ce n'est qu'un mensonge. Il n'y a pas non plus de recours en cassation contre le faux serment, car il ne viole aucune loi.

(1) Cass., 20 janvier 1843, S. 43.1.659 ; Chambéry, 19 mai 1897, D. 97.2.334.

CHAPITRE VI

SERMENT ESTIMATOIRE.

Le serment estimatoire de l'article 1369 du Code civil (1), qui correspond au serment *in litem* des Romains et au serment en plaids de l'ancien droit, est celui que le juge défère au demandeur pour déterminer le quantum de la condamnation qu'il prononcera à son profit. Comme le serment supplétoire, c'est un mode de preuve dont le juge est seul maître et qui ne le lie pas. Mais au lieu de résoudre la question de gain ou de perte du procès, il suppose une demande dont le principe est d'ores et déjà vérifié : il ne s'agit plus que d'en arrêter le chiffre. Cette situation ne se présentera du reste que si le demandeur ne peut obtenir satisfaction en nature, si par exemple le défendeur ne peut ou ne veut livrer la chose due elle-même, ou accomplir le fait promis : autrement il n'y aurait aucun besoin de se préoccuper de la valeur de la chose ou du fait.

Cette inexécution en nature suppose à son tour sinon le dol, au moins la faute du défendeur : s'il y avait impossibilité fortuite, il serait libéré en vertu de la règle *res perit domino* ou *res perit creditori*.

Mais le serment est une ressource dangereuse, qu'il convient de n'employer qu'à la dernière extrémité, et l'ar-

(1) *Id.*, art. 1377, C. civ. italien.

ticle 1369 veut qu'il soit « impossible de constater autrement la valeur de la chose », c'est-à-dire que les preuves légalement admissibles aient été administrées en vain. Au moins pour les preuves de pure conviction, le juge du fait est appréciateur souverain de cette impossibilité (1).

L'opinion générale décide qu'il n'y a pas d'impossibilité et que la condition de l'article 1369 n'est pas remplie, tant que le juge n'a pas eu recours à la commune renommée (2). Mais par quel artifice de raisonnement arrive-t-on à imposer au juge l'emploi d'une preuve que la loi elle-même méconnaît en dehors de quelques cas limitativement déterminés (art. 1415-1442).

Toutes ces conditions réalisées, le juge peut déférer le serment estimatoire, sans jamais y être tenu. Il ne peut le déférer qu'au demandeur : le défendeur a commis une faute, peut-être un dol, et il a soutenu un procès sans droit ; une sorte de suspicion pèse sur ses déclarations.

Le serment du bailleur pour la fixation du prix du loyer dans le cas de l'article 1716 du Code civil est aussi un serment estimatoire ; mais nous l'avons mentionné à propos du serment décisoire, parce que en l'absence de preuve écrite il s'impose au juge.

La même observation devrait être faite pour la fixation du salaire dans le louage de services d'après l'ancien article 1781 : mais pour ce cas il faut noter cette particularité que le serment était déféré au « défendeur », en raison de sa situation sociale plus élevée.

Le caractère général d'appel à la conscience nous fait conclure que le serment estimatoire doit être déféré au

(1) Req., 8 décembre 1832, D. 33.1.49.

(2) *Sic* : Bruxelles, 22 décembre 1828, *Pasicr.*, 28.2.383. Cf. Beaumanoir, ch. 39, § 79. En notre sens Laurent (t. 20, n° 301).

demandeur en personne, jamais à ses héritiers, ni à son représentant s'il est incapable (1). On objectera sans doute que sous couleur de protection, ce système aboutit à un résultat préjudiciable au mineur, puisque le juge, privé de tout élément pour fixer la valeur de la chose, ne prononcera dans le doute qu'une condamnation insuffisante. Nous répondons que le juge pourra en fait être renseigné par des déclarations du mineur, dépourvues de toute forme solennelle et de tout caractère juridique, et qui n'exigent pour être produites aucune capacité.

Le serment estimatoire peut se produire dans toute espèce de cause susceptible d'évaluation pécuniaire, même en matière criminelle pour l'action civile ; car il ne s'agit pas dans notre serment d'influer sur l'instance criminelle. Le délit qui donne naissance à la réparation civile est prouvé, le principe de l'indemnité est reconnu ; il ne s'agit plus, question indifférente au délit pénal, que d'en fixer le montant.

Il faut signaler, à titre d'exemples, un certain nombre d'hypothèses où le besoin du serment estimatoire se fera sentir : il en sera ainsi dans le cas de vol et spécialement quand un co-héritier détourne des effets d'une succession, ou encore dans les contrats où les circonstances ont empêché d'en décrire et d'en évaluer l'objet qui vient à disparaître : dépôt nécessaire en cas d'incendie, de naufrage etc., dépôt d'hôtellerie, objets confiés à un voiturier ou à un entrepreneur de transports, dépôt volontaire d'un objet fermé et scellé dont le secret est violé (2).

(1) *Contrà* : auteurs et jurisprudence. Cass., 9 vendém. an XIV, S. 7. 2.1199; Bruxelles, 20 février 1829, *Pasicr.*, 1829.2.70.

(2) Le Code civil portugais prévoit ce cas spécial dans son article 1439. Le dépositaire est tenu de rendre le contenu désigné sous serment par le déposant.

Le juge qui défère le serment estimatoire, doit fixer à l'avance un chiffre maximum que le demandeur ne devra pas dépasser (art. 1369, alin. 2). C'est la *taxatio* du Droit romain, où elle était du reste facultative quand il y avait dol du défendeur (1). Aujourd'hui elle est obligatoire dans tous les cas.

Mais on ne voit guère comment le juge qui est dans l'impossibilité d'évaluer la chose due, aura des éléments sérieux pour déterminer un maximum d'évaluation. Il est cependant juste de reconnaître qu'il pourra ici utiliser dans tous les cas la commune renommée, les présomptions, les témoignages parce qu'il ne s'agit pas de faire une preuve, alors qu'il ne le pouvait pour déterminer le montant de la condamnation.

La délation s'opérera par un interlocutoire, qui mentionnera les conditions spéciales de l'article 1369, l'impossibilité de constater la valeur, et la *taxatio*. Aucune particularité n'est à signaler quant aux significations de ce jugement et aux voies de recours ouvertes contre lui.

Le demandeur qui reçoit la délation ne peut référer au demandeur : l'article 1369 proscrit le serment de ce dernier et nous en avons vu les raisons. Il suffirait au reste d'observer que le serment estimatoire est un mode de preuve dont les parties ne sauraient disposer.

Le demandeur pourra donc prêter le serment ou le refuser. Mais le choix de ce dernier parti n'est pas vraisemblable ; par quel scrupule le plaideur dont le droit est prouvé pourrait-il hésiter à en indiquer la valeur.

Dans son serment le demandeur doit estimer la valeur réelle, intrinsèque, pour ainsi dire marchande, de la chose.

(1) D. 12.3 *de in lit. jur.* L. 4, § 2.

Il n'y doit pas ajouter le prix d'affection ou de souvenir qu'il attache à l'objet, *juramentum veritatis et non affectionis* (1). Cette solution est en harmonieavec la théorie moderne qui ne tient compte que du dommage matériel (2). Il nous semble cependant que la valeur d'affection pourrait être prise en considération dans le cas particulier, où le défendeur aurait agi sciemment dans le but de priver le demandeur d'une chose qu'il savait lui être chère. Il faut que le châtiment se proportionne avec l'intention de nuire: dans l'hypothèse que nous envisageons le défendeur a commis un délit (art. 1382, C. civ.).

Le juge n'est aucunement lié, ni par la taxation, ni par la prestation ou le refus de serment. Si par exemple il reçoit de nouveaux renseignements, si de nouvelles preuves lui sont apportées, qui démontrent la nécessité d'une modification, il peut avant toute prestation diminuer ou augmenter la taxation primitivement fixée. Après la prestation, il peut modérer le chiffre de la somme jurée même dans les limites de la taxation (3), il peut l'admettre même s'il dépasse cette limite (4). Le refus n'entraîne non plus aucune conséquence nécessaire.

(1) *Sic* : Pothier, *Oblig.*, n° 929. En droit romain, s'il y avait dol du défendeur, le demandeur pouvait à titre de peine tenir compte dans son serment du prix d'affection. Notre Code ne tient compte du dol que pour les suites du dommage matériel.

(2) D. 65.2.201.

(3) Cf. D. 12. 3, *de in. lit. jurando*, L. 5, § 2 (Marcien) : item, si juratum fuerit, licet judici vel absolvere, vel minoris condemnare. D. *eodem titulo*, L. 4 § 3 (Ulpien) : ex magna causa et postea repertis probationibus.

(4) De tout cela ressort la quasi-inutilité dans notre droit de la *taxatio*. Peut-être, dans des cas très rares, intimidera-t-elle le demandeur et l'amènera-t-elle à modérer le chiffre qu'il se proposait de déclarer.

Le jugement de condamnation est susceptible des voies de recours ordinaires, et le juge d'appel n'est pas plus lié que ne l'était le juge du premier ressort. Il peut modifier le chiffre de la condamnation, soit en déférant un nouveau serment, soit même sans délation.

APPENDICE

RÉPRESSION DU PARJURE.

Nous avons suffisamment insisté dans notre chapitre premier sur le caractère religieux du serment pour qu'il nous soit permis de constater ici sans autre explication que chez les peuples antiques le parjure constituait un double crime, dirigé à la fois contre les dieux et contre les hommes. Cette conception est absolument logique. Aujourd'hui, comme de toute antiquité, on peut dire avec Jousse que le parjure est une offense directe à la majesté de Dieu auteur de toute vérité. Sans doute on ne comprendrait pas que le parjure fut puni uniquement comme crime contre Dieu. Le droit ne doit régler que les rapports des hommes, sans anticiper sur la justice d'au delà. Il suffit que les hommes croient en ces châtiments divins (1). Mais cette invocation divine que contient le serment accroît en raison directe de la foi religieuse d'un peuple la gravité morale et sociale du mensonge ou du manquement à la foi promise, elle appelle les rigueurs de la loi pénale.

La peine du parjure était chez les Hindous le bannissement et l'amende (2), chez les Egyptiens et les Scythes la

(1) Les croyances à l'intervention continuelle de la divinité dans les relations humaines se retrouvent chez presque tous les peuples primitifs. Elles expliquent l'usage général des ordalies et des jugements de Dieu.

(2) Manon, 8, 219 et 220. Quant aux peines divines, « celui qui jure en vain, même pour une chose de peu d'importance, est perdu dans ce monde et dans l'autre » (111).

mort (1), chez les Hébreux la flagellation (2) ; à Rome ce fut d'abord la note d'infamie (3) ; plus tard toute répression disparut, sauf dans le cas de serment *per genium principis* où la peine du fouet subsistait (4) ; puis on revint à la note d'infamie sans préjudice des dommages-intérêts dus à la partie lésée (5).

Chez les peuples germains et sous nos rois des premières races le parjure avait la main coupée, s'il ne se rachetait par un wehrgeld (6). Dans notre ancien droit, la peine qui était arbitraire consistait le plus souvent en une amende.

Le Code pénal de 1791 ne contenait aucune sanction, et celui de 1810 (art. 366) prononçait la dégradation civique. Le caractère naturellement politique de cette peine criminelle répondait peu à celui du délit. C'était en outre une sanction très inégale, pénible pour les uns, indifférente aux autres, selon leur situation et leurs qualités morales.

La loi du 13 mars 1863, tout en convertissant la peine criminelle en une peine correctionnelle, serait bien plus efficace si elle était appliquée. Elle prononce un emprisonnement de 1 à 5 ans, une amende de 100 à 3.000 francs ;

(1) Diodore de Sicile, 1.77 ; Hérodote, 1.212 : chez les Scythes quand le roi tombait malade, on attribuait la cause de son état au parjure d'un de ses sujets, et on le recherchait pour le mettre à mort.

(2) Selden, *De Synedriis*, p. 313.

(3) Cicéron, *De officiis*, 3.21.

(4) C. *De rebus creditis*, 4, 1, L. 2, Alexandre à Félix, 223, *Jurisjurandi contempta religio satis deum habet ultorem*, D. 12.2, *De Jurejurando*, L. 13.6 (Ulpien).

(5) C. 2, 4, *De transactionibus*, 41 (Honorius et Arcadius, 395).

(6) L. Frisons, tit. X, *De testibus*, 1 ; L. Bavar., 16.5 (composition de 12 solides). Capit. de 779, de 805 (2 et 4), *perdat manum aut redimat*.

en outre le tribunal peut condamner à l'interdiction de séjour de 5 à 10 ans et à l'interdiction des droits civiques, civils et de famille. Il est curieux de noter que parmi les incapacités qu'entraîne cette dernière interdiction (art. 42, C. pén.), ne figure pas l'incapacité de prêter un serment décisoire, supplétoire et estimatoire (1), mais seulement celle de prêter le serment des témoins (art. 42-8°).

L'article 366 (modifié loi de 1863) vise seulement les serments décisoire, supplétoire et estimatoire (2). Tous les autres serments promissoires ou affirmatifs, si on excepte le faux témoignage, restent dépourvus de sanction : c'est encore une lacune regrettable.

Le parjure est librement poursuivi par le ministère public, soit d'office, soit sur la plainte de la partie lésée par le parjure ou sur dénonciation d'un tiers quelconque (3).

On s'est demandé comment pouvait être faite la preuve du délit. La question ne se poserait pas si le parjure était poursuivi en Cour d'assises où on applique sans restriction le principe que toutes les preuves sont de conviction (art. 342 Inst. crim.) ; mais devant le tribunal correction-

(1) V. au contraire art. 423 et 432, C. proc. civ. allemand.

(2) Pour ce qui est de l'application de l'article 366 au serment supplétoire, la commission du Corps législatif avait bien dit que « le serment dont on entend parler dans cet article ne peut être que le serment décisoire » ; mais la généralité des termes de l'article 366 et l'exposé des motifs de Faure s'opposent à cette interprétation (*Sic* : Cass., 20 janvier 1843, S. 42.1.660). Peu importe également que le serment se produise devant une juridiction commerciale, arbitrale etc. *Sic* : Morin, *Journal des avoués*, t. 66, p. 265-271).

(3) Le serment décisoire repose sur une transaction, mais cette convention ne peut lier que les parties et non le ministère public. L'article 1363 ne s'applique également qu'aux parties ; le droit d'agir du ministère public est consacré par l'article 366 du Code pénal. Besançon, 9 mai 1888. *Loi* du 8 juin.

nel la règle n'est plus absolue. Or le faux serment présuppose un fait civil dont la prestation de serment a donné la preuve. Les règles de preuve du droit civil sont donc applicables bien qu'on se trouve devant une juridiction criminelle : l'admissibilité de la preuve est une règle de fond qui dépend de la nature du fait à prouver et non de la juridiction devant laquelle la preuve est administrée.

Pour préciser, la preuve du faux serment s'analyse en deux points : 1°) elle montre sous son jour véritable le fait qui constituait l'objet du serment. Exemple : Primus jure que Secundus ne lui a pas prêté 1.000 fr. ; on établira que Secundus a prêté 1.000 fr. à Primus : c'est bien là un fait civil. Il se lie par un rapport nécessaire et absolu au fait criminel : il se présente identique à lui-même, qu'on se trouve devant les juges civils ou devant les juges correctionnels. Comment un témoignage repoussé devant les premiers, entraînerait-il une condamnation devant les seconds ? 2°) il faut établir le fait de la prestation de serment de Primus, mais tous les moyens de preuve pourront être employés, car il s'agit d'un acte unilatéral, d'un simple fait, dont on ne pouvait se procurer une preuve littérale.

En somme le ministère public ne pourra prouver le faux serment par témoins que si le fait litigieux ne dépassait pas une valeur de 150 francs (art. 1341), si on se trouvait en matière commerciale (art. 109, C. com.), s'il y a commencement de preuve par écrit (art. 1347), ou dans les divers cas de l'article 1348.

En dehors de ces hypothèses, la preuve par témoins ou par présomptions est impossible. Il reste la preuve littérale et l'aveu (1). Nous savons qu'il ne saurait être ques-

(1) Cass., 21 janvier 1843, S. 43.1.660.

tion du serment en matière criminelle ; on ne pourrait donc le déférer à l'accusé pour consacrer la fausseté de son serment primitif (1).

La partie lésée par le faux serment peut-elle se porter partie civile dans l'instance criminelle ?

La négative s'impose pour le serment décisoire. Les parties ont par ce serment voulu trancher définitivement le débat ; elles se sont interdit toute contestation ultérieure. La prestation de serment a réalisé la condition qui suspendait les effets de leur transaction : dès ce moment, celle-ci produit une situation analogue à celle d'un jugement passé en force de chose jugée. C'est ce résultat que consacre l'article 1363 du Code civil. Les travaux préparatoires du Code pénal montrent que l'article 366 du Code pénal laisse absolument intactes les règles du Code civil (2).

(1) *Sic* : Généralité des auteurs et jurisprudence constante. Cass., 22 mars 1878, D. 78.1.442 ; Rennes, 8 mars 1882, D. 84.2.143 ; Limoges, 26 février 1885, S. 86.2.243. Quelques auteurs ont résisté à cette opinion (Poujol, Rauter, Bonnier), mais ils font valoir des considérations d'ordre législatif. D'abord, disent-ils, les motifs de l'exclusion de la preuve testimoniale n'existent pas en matière criminelle ; on n'y peut craindre la subornation des témoins puisque, nous le verrons, il n'y a pas de partie civile ; du reste le ministère public n'a eu aucun moyen de ménager la preuve littérale du fait : on ne saurait lui objecter sa faute sur ce point. Il reste seulement l'incertitude de la preuve testimoniale.

En second lieu le parjure restera impuni (c'est il est vrai ce qui arrive), car le plus souvent le ministère public ne pourra fournir les preuves civiles requises.

(2) V. Locré, t. 30, p. 532, 490. Rapport de Monseignat au Corps législatif. « Le Code Napoléon a irrévocablement jugé tout ce qui est relatif aux intérêts privés et à la partie civile. »

De même, Faure (p. 490) : « Quant à la partie... elle est repoussée par l'article 1363 du Code Napoléon... L'intérêt de la société demande

Cette solution est adoptée par les auteurs et consacrée par la jurisprudence (1). Duranton a cependant soutenu l'opinion contraire ; il croit suffisamment respecter l'article 1363, en abandonnant au parjure l'objet litigieux ; il reconnaît le droit aux dommages-intérêts de la partie lésée. Nous retiendrons du moins ses arguments à titre de critique législative : il est peu logique et même assez scandaleux qu'un individu, condamné pour faux serment, continue cependant à jouir en toute sécurité du fruit de son imposture : mais l'article 1363 s'oppose aussi bien à toute action portée devant les tribunaux civils qu'à la constitution de partie civile (2).

Il est certain aussi que la partie, se trouvant sans intérêt pécuniaire à provopuer la condamnation du parjure, s'abstiendra le plus souvent de porter plainte contre lui : cela, joint à la difficulté de preuve du ministère public, rend lettre morte l'article 366 du Code pénal (3).

Quant au serment supplétoire dont la foi est toujours susceptible de preuve contraire, la partie lésée peut, en dehors de la preuve directe du faux serment devant le juge de la contestation, se constituer partie civile dans l'instance criminelle, mais seulement tant que le procès civil

que le crime de faux serment ne reste pas impuni... quoique la partie ne puisse agir pour son propre intérêt privé. »

(1) Cass., 7 juillet 1843, S. 44.1.36.

(2) *Contrà* : article 2527 du Code civil portugais : « Si la fausseté du serment a été établie par un procès criminel, la partie lésée pourra réclamer des dommages-intérêts. »

(3) Cet inconvénient était signalé dans les observatious de la commission de législation lors de la rédaction du Code pénal (Locré, t. 30, p. 459).

n'a pas été terminé par un jugement passé en force de chose jugée, tant que les voies de recours sont ouvertes. Toute action postérieure serait une violation de la chose jugée (art. 1351) (1).

(1) Bruxelles, 8 décembre 1880, *Pasicr.*, 81.2.72.

DEUXIÈME PARTIE

PARTIE CRITIQUE

CHAPITRE PREMIER

CRITIQUE DE LA THÉORIE ACTUELLE DU SERMENT.

Dans le chapitre premier de notre partie positive, nous avons établi que la garantie essentielle fournie par le serment est religieuse, car les garanties de l'honneur et du respect humain sont communes à toute déclaration solennelle et la garantie pénale dépend de la volonté du législateur.

Nous examinerons donc d'abord la légitimité et ensuite la valeur de la garantie religieuse (1).

La société a-t-elle le droit d'imposer, sous peine d'une amende, de l'exclusion d'un office public, de la perte d'un procès, la prestation du serment avec son caractère religieux?

Si le législateur consacre l'existence du serment, peut-

(1) Nos critiques, est-il besoin de le dire, ne s'adressent pas au serment conventionnel, qui ne saurait constituer par lui-même une atteinte à l'ordre public.

on s'affranchir de la formule prescrite en alléguant des convictions religieuses ou philosophiques ?

Le doux abbé Barthélemy disait déjà que c'était une « formalité offensante pour ceux qu'on oblige à s'y soumettre ». Mais depuis la Déclaration des Droits de l'homme (1) une telle exigence constitue sans nul doute une violation du principe de la liberté de conscience, base inébranlable de notre organisme social moderne.

Il est insoutenable que ce principe ne contienne que la liberté de professer tel ou tel culte. On y a toujours compris la liberté de croire ou de ne pas croire. Il ne s'agit pas ici, comme dit Laurent, de la valeur des doctrines, ni de glorifier l'athéisme ou de l'introduire dans la loi, mais il faut assurer pour tous et d'une façon absolue la liberté de pensée (2). Or quand la loi me punit pour n'avoir pas proclamé une affirmation religieuse, je dis que cette liberté est violée.

Les questions religieuses sont hors du domaine de la loi civile. Celle-ci doit observer à cet égard une neutralité complète. Elle ne doit pas donner de protection matérielle à telle croyance plutôt qu'à telle autre. Le domaine de

(1) D. 22 août 1789, art. 10 ; D. 24 décembre 1790, art. 1er. « Nul ne doit être inquiété pour ses opinions même religieuses, pourvu que leur manifestation ne trouble pas l'ordre public établi par la loi. »

(2) Un des savants qui honorent le plus la Belgique, M. Thonissen, disait encore dans son rapport au Parlement belge : « La société n'est pas juge du mérite respectif des différentes sectes : elle ne peut apprécier que des actes extérieurs et elle n'a aucun intérêt à scruter les profondeurs de la pensée humaine. Dès qu'un citoyen affirme que ces convictions répugnent à l'affirmation de la divinité, la société est impuissante à rechercher les motifs secrets de cette détermination. Ces questions ne sont plus de son domaine, son seul droit consiste à punir la fausse affirmation, aussi bien que le faux serment. Là s'arrête son pouvoir. »

l'intelligence et celui de la foi ne sont pas soumis aux sanctions humaines (1).

Quelques esprits éminents ont cependant présenté les croyances religieuses comme un dogme juridique au même titre que la famille ou la propriété (2). On ne pourrait pas plus refuser un serment que faire reconnaître comme légitimes les enfants nés d'un commerce adultérin ou s'exonérer du service militaire ou du paiement de l'impôt.

Cette conception nous paraît radicalement fausse.

La notion du juste et de l'injuste est directement ancrée dans le cœur des hommes : il n'est point utile en Droit de remonter à sa source au sein de Dieu. C'est une chimère que de vouloir appliquer dans une science aussi positive que celle du droit, les raisonnements incertains de la métaphysique et les variations de la foi (3).

Les droits de famille et de propriété sont au contraire avec les obligations, la matière même du droit civil : sans eux il n'y aurait pas de rapport civil entre les hommes. La réglementation de la loi est donc indispensable en cette matière.

De même l'obligation de servir sa patrie et de payer

(1) M. Boistel prétend au contraire « qu'en thèse l'Etat ne doit pas être indifférent en matière de religion ». *Cours de philosophie du Droit*, t. 2, p. 317. Mais M. Boistel reconnaît (t. 1, p. 220) qu'il y a atteinte à la liberté de conscience quand on contraint à faire un acte que la conscience défend.

(2) Cette pensée domine le livre de M. Duverger sur l'athéisme et le Code civil (1888) ; mais elle est surtout développée dans les *Eléments de droit français* de M. Glasson. Cf. aussi Migneret dans *Revue critique*, de 1871, Félix Bayssat, *Du serment en justice*, 1886. M. Jouin au Sénat, séance du 2 février 1883.

(3) « La base du droit, a dit à la Chambre M. Joseph Fabre, n'est le monopole ni d'un dogmatisme religieux, ni d'un système philosophique » (*Officiel, Déb. parlem.*, Chambre, 23 juin 1882). M. Boistel professe une opinion contraire (*op. cit.*, t. 1, p. 41-42).

l'impôt dérive d'une nécessité sociale et n'a pour objet que la personne physique ou le patrimoine. D'ailleurs elle ne constitue que le prix des services que la société rend à l'individu. Rien dans tout cela n'atteint la liberté de pensée (1), dernier et inaccessible refuge du droit individuel, base de toute science et de toute civilisation humaine.

Dans son livre sur Marc-Aurèle, notre grand philosophe Renan rappelle la prétention émise par le philosophe Celse d'imposer aux chrétiens le culte païen : « Cela regarde notre conscience, auraient pu répondre les chrétiens, l'Etat n'a pas à raisonner avec nous sur ce point. *Parlez-nous de devoirs civils et militaires qui n'aient aucun caractère religieux et nous les remplirons.* » « En d'autres termes, poursuit Renan, rien de ce qui tient à l'Etat ne doit avoir de caractère religieux. Cette solution nous paraît très simple : mais comment reprocher aux politiques du deuxième siècle de ne l'avoir pas mise en pratique, quand, de nos jours, on y trouve tant de difficultés (2). »

Après cela nous ne nous arrêterons pas à cette observation que ceux qui refusent le serment le font, non par conviction philosophique, mais « par ostentation et pour se rendre célèbres pendant l'espace de vingt-quatre heures ». D'abord c'est une hypothèse gratuite qu'on n'a jamais

(1) Nous en dirions autant du salut militaire qu'on a voulu comparer à la prestation du serment.

(2) Renan, *Origines du christianisme*, t. 7, p. 368. Comme le dit très justement un jurisconsulte anglais, M. Lousada (*France judiciaire*, 1881-82, p. 366) la religion est une affaire de conscience qui ne concerne que l'individu. Il est de la plus grande injustice de priver un homme des avantages de ce monde (et ici M. Lousada visait l'élection de M. Bradlaugh au Parlement anglais) pour la seule raison qu'il a des idées vagues et indécises sur tout ce qui appartient au monde à venir.

cherché à vérifier. On pourrait au contraire citer des noms connus, voire illustres, de libres penseurs (1) ou de positivistes convaincus. Ne le seraient-ils pas, que la loi n'acquerrait pas pour cela le droit de s'introduire dans les consciences. La pensée est libre de toute chaîne. L'ordre public est sa seule limite de manifestation : or on n'a jamais prouvé qu'un libre penseur fût, par définition même, un perturbateur de l'ordre public.

N'y a-t-il pas enfin une inégalité choquante à refuser au libre penseur la dispense que la jurisprudence a toujours octroyée au quaker ou à l'anabaptiste.

Mais on a fait remarquer que la formule *je le jure* est assez élastique, assez vague pour convenir à tous ceux qui croient en Dieu et aux autres. Ceux-ci ne verront dans ces mots qu'une affirmation solennelle. Nous répondons que malgré la conviction intime du prestataire, l'acte qu'on lui demande est religieux en soi et aux yeux des tiers. Cela suffit pour qu'on n'ait pas le droit de l'exiger de lui. L'opinion contraire conduirait à imposer un acte religieux quelconque : que vous importe l'acte, dirait-on, puisque vous n'avez pas la foi.

Le principe même du serment fût-il justifié, que ses conséquences logiques n'en seraient pas moins inadmissibles. Cérémonie religieuse, le serment devrait être entouré de tout le cortège des solennités de ce genre, eu égard à son importance (2). La formule et la forme devraient

(1) Une fois pour toutes, nous parlons dans le bon et large sens du mot.

(2) On a si bien compris l'impossibilité d'un tel système que l'Église moderne elle-même répudie la conception du serment comme cérémonie religieuse et s'arrête à la notion hybride d'acte à la fois civil et religieux (V. Disc. de Mgr Freppel, *Off.*, *Déb. parl.*, Ch., 23 juin 1882).

suivre les prescriptions du culte du prestataire, car l'emploi de notre formule banale autorise, de l'aveu même des jésuites, l'odieuse pratique des restrictions mentales et des réticences (1). Il faudrait joindre à des imprécations terribles, des solennités imposantes qui agissent sur l'imagination du prestataire, afin de secouer sa conscience endormie et de la forcer à entrer en lutte avec les entraînements de l'intérêt personnel (2). On aurait aussi le droit de faire une enquête sur la foi religieuse du prestataire et repousser le serment de l'athée (3).

Cherchons maintenant quelle est la valeur de la garantie religieuse du serment. Elle est nulle si le prestataire est athée. Il est illusoire, dit Hobbes (4), de faire invoquer la divinité par quelqu'un qui n'y croit pas, et qui, par conséquent, ne la craint pas.

Inutile est encore le serment si le prestataire est un homme foncièrement honnête, car il n'ajoute rien à sa parole (5). Si au contraire le prestataire est un homme

(1) V. Esmein, *Note pour l'histoire des institutions primitives*. Pascal, *Lettres provinciales*, 9, p. 93 et sq. Il est juste de rappeler que le pape Innocent XI a condamné la doctrine des Jésuites (Disc. de Mgr Freppel, *Off.*, *Déb. parl.*, Ch., 23 juin 1882).

(2) C'est ce que demandent M. Dalloz, M. Bayssat, et ce qu'a réalisé le Code de procédure des cantons de Genève et de Vaud.

(3) Cela se fait en Angleterre et aux Etats-Umis, ou du moins quand une partie laisse découvrir son athéisme les tribunaux se refusent à recevoir son serment V. de Tocqueville, *La démocratie en Amérique*, t. 2, 218, et la fameuse affaire Bradlaugh, membre de la Chambre des communes.

(4) *De Cive*, ch. 2, § 21 : Frustra enim adigitur aliquis ad jusjurandum per Deum quem non credit, ideoque neque metuit.

(5) Au *de officiis* (3.29) Cicéron, après avoir qualifié, selon le droit positif, le serment d'*affirmatio religiosa*, recouvre bientôt la liberté de sa critique pour combattre l'idée que le serment serait pour l'honnête homme une garantie religieuse de sincérité : non fuit Jupiter metuendus,

tout à fait malhonnête, il ne sera pas plus arrêté par un parjure que par un mensonge (1). Bentham nous parle de cette classe d'hommes endurcis et déhontés qui font le métier de jurer en justice.

Le serment ne peut donc avoir d'utilité que pour la classe d'hommes, nombreuse encore nous l'avouons, chancelante à la fois dans la vertu et dans le vice, et qui a besoin pour ainsi dire d'un coup de fouet pour rester dans le bon chemin. Encore n'est-ce pas la garantie religieuse qui produit en réalité ce résultat ; c'est l'amour-propre, le respect humain, la crainte de l'opinion publique que l'appréhension d'une affirmation solennelle réveille ; c'est aussi la crainte du châtiment que la loi pénale inflige au parjure (2). Bentham le dit dans une de ses comparaisons, un peu familières, mais toujours originales et vigoureuses : « dans cet antidote composé de trois ingrédients (garantie pénale, garantie de l'honneur et garantie religieuse), il y en a deux qui ont une grande vertu et une troisième qui n'en a point ».

Dans les sociétés primitives, soumises à un droit qui n'était pas encore distinct de la religion, imbues de croyances religieuses à la fois sincères et grossières, on comprend que la garantie religieuse du serment fut souvent utile à la manifestation de la vérité et à l'exécution des engage-

ne iratus noceret : qui neque irasci solet, neque nocere... Quod autem affirmate, quasi deo teste, promiseris, id tenendum est. Jam enim non ad iram deorum quæ nulla est, sed ad justitiam et ad fidem pertinet.

(1) Cic. *Pro Roscio*, § 16 : « Quid interest inter perjurum et mendacem ? Qui mentiri solet, pejerare consuevit... Quis enim deprecatione deorum, non conscientiæ fide commovetur ? etc. »

(2) Ces observations peuvent servir de réponse aux exemples que cite M. Berriat St-Prix (*Réflexions et recherches*), pour établir que le serment a encore de l'influence sur la population des campagnes.

ments. Mais, déjà au temps de Platon, il n'en était plus ainsi ! Après avoir rapporté comme Rhadamanthe expédiait les procès par le moyen du serment avec autant de célérité que de sûreté, le philosophe grec ajoute tristement : « Aujourd'hui qu'il y a des hommes qui ne croient plus à l'existence des dieux ; les autres qui s'imaginent qu'ils ne se mêlent point des choses d'ici-bas ; d'autres, en plus grand nombre et les plus méchants, qui croient que les dieux, agréant leurs petits sacrifices et leurs adulations, deviennent souvent complices de leurs vols et les exemptent des grands supplices, la méthode de juger suivie par Rhadamanthe ne serait plus de saison » (1). A plus forte raison à la veille du XXe siècle, alors que domine l'indifférence en matière religieuse, la garantie spéciale du serment n'est plus qu'une fiction, ne correspondant en rien à la réalité. « Le serment, disait déjà Beccaria, devient peu à peu une formalité sans valeur. » Ce n'est plus qu'une « routine remontant à un autre âge », selon l'expression de M. d'Arbois de Jubainville dont on ne peut contester la compétence en matière d'archéologie (2).

(1) Platon, *Lois*, liv. 2, trad. Victor Cousin, p. 350.

(2) Comparaison entre le serment celtique et le serment grec, 1892, p. 5 ; *Adde*, Acollas, *Manuel de droit civil*, t. 2.

L'abus qu'on fait depuis longtemps du serment dans la vie de tous les jours n'a pas peu contribué à lui faire perdre sa force : « Rien n'est moins selon Dieu et selon le monde que d'appuyer tout ce que l'on dit dans la conversation, jusques aux choses les plus indifférentes, par de longs et fastidieux serments. Un honnête homme qui dit oui ou non mérite d'être cru ; son caractère jure pour lui » (Labruyère, *Caractères*, édit. Servois, p. 130.

Portalis s'adressant au conseil des Cinq-Cents, résumait exactement toutes ces critiques : il eût été digne de notre siècle de reconnaître que le serment est une bien faible épreuve pour des hommes polis et raffinés ; qu'il n'est nécessaire que chez des peuples grossiers à qui la

Tel était aussi sans doute l'avis de ce juge anglais, devant qui comparaissait récemment un accusé. Celui-ci se mit en devoir de prêter, en protestant de son innocence, un serment effrayant, attirant sur lui toutes les vengeances célestes s'il se parjurait. Le serment prêté, le juge reste silencieux pendant quelques minutes, dans une attitude oisive, semblant attendre quelque chose. Enfin, il prend un parti : « Puisque le Dieu tout-puissant n'a pas jugé à propos d'intervenir dans ce débat, je vais m'occuper à rendre mon jugement. »

Nous parlerons ultérieurement des injustices que consomme l'usage du serment. Mais il faut signaler dès maintenant les résultats immoraux qu'il engendre. D'abord la distinction qu'il établit entre le mensonge et le parjure est immorale, parce qu'elle tend à faire considérer le premier comme sans importance. « Quand j'ouïs parler pour la première fois du serment, fait dire Barthélemy à son jeune Anacharsis (1), je ne le crus nécessaire qu'à des nations grossières à qui le mensonge coûterait moins que le parjure. » Bentham a observé que « les sociétés chrétiennes qui ne se permettent pas l'emploi du serment sont les plus strictes dans tout ce qui tient à la véracité. C'est que chez elles, pas de degrés dans le mensonge et le parjure. Le premier n'est pas immoral chez les autres... Les traités des Quakers de Pensylvanie avec les Indiens sont les seuls qui n'aient pas été jurés et peut-être les seuls qui n'aient jamais été violés » (2).

fausseté ou le mensonge coûterait moins que le parjure, mais que dans nos mœurs cette auguste cérémonie n'est plus qu'une forme outrageante pour le ciel, inutile pour la société et offensante pour ceux qu'on oblige à s'y soumettre.

(1) Ch. 16.

(2) Bentham, *Traité des preuves judiciaires*, édit. Dumont, p. 189.

La distinction est encore immorale parce qu'elle donne devant les juges plus de valeur à l'affirmation assermentée qu'à l'affirmation non assermentée. Elle peut créer dans l'esprit des juges une confiance indue sur la supposition illusoire que le prestataire est sensible à la force du motif religieux. Cette foi est une prime en faveur du parjure.

Enfin le parjure, en raison même de l'importance particulière qu'on donne au serment au-dessus de l'affirmation simple, cause un scandale bien autrement grave que le mensonge.

Si d'autre part nous supposons que la force religieuse du serment existe réellement, elle reposera sur la crainte des châtiments divins. Or n'est-ce pas prêter à la bonne foi humaine un mobile aussi inexact que bas. Laurent l'a dit avec force : « Quel est l'homme vraiment moral ? Celui qui dit la vérité parce qu'il craint la vengeance de Dieu ou parce qu'il compte sur les récompenses éternelles, ou celui qui dit la vérité sans craindre la colère de Dieu et sans spéculer sur sa miséricorde ? » (1).

Chaque catégorie de serment appelle en outre, en raison de sa nature propre, des critiques spéciales qui viennent s'ajouter à celles que nous venons de formuler.

Le serment promissoire offre une garantie très faible

« Ces gens là, disait aussi Van Beuning à Turenne en parlant des anabaptistes, se tiennent aussi liés par la promesse de dire la vérité que s'ils faisaient des serments. » Et Voltaire après avoir spirituellement raconté comment les quakers obtinrent en Angleterre la dispense du serment, termine par ces mots : il faut avouer que les quakers n'ont jamais jusqu'ici fait de faux pas (*Dictionnaire philosophique*, V° *Affirmation par serment*).

(1) M. Boistel n'admet pas cette conception élevée de la morale (*op. cit.*, t. 1, p. 41, 42) mais il se borne à dire que c'est une « chimère au point de vue pratique ».

par cela seul qu'il se rapporte à l'avenir. Le promettant trouvera toujours dans les circonstances si variées de la vie des obstacles, prétendus fortuits, à l'exécution de son engagement. Pour cette même raison il échappe aux peines du parjure. Il se résoudra d'autant plus facilement à en commettre un. Si nous passons en revue la longue série des serments professionnels nous serons frappés de la parfaite inutilité d'une formalité imposée aux classes les plus honorables de la société, à ceux qui ont reçu pour la plupart une culture intellectuelle et morale, magistrats, fonctionnaires, officiers ministériels, avocats. Qu'on leur fasse connaître avec précision les devoirs de leur profession, qu'on exige d'eux l'engagement de les remplir : rien de mieux. Mais y ajouter le lien du serment, voilà qui est aussi offensant qu'inutile. Le fonctionnaire prévaricateur se trouvera-t-il soudain arrêté sur la pente fatale par la perspective soudaine des châtiments divins ? La question prête à sourire.

Les autres sauront toujours se rappeler l'engagement qu'ils ont contracté ; point n'est besoin des visions de l'enfer pour rafraîchir leur mémoire.

Enfin n'y a-t-il pas un froissement au moins inutile de la délicatesse du fonctionnaire, à exiger le renouvellement de serment à chaque changement de résidence ou d'emploi, et pour les avocats chaque année.

Ferrière disait : il suffit à l'homme de connaître bien ses devoirs pour n'y pas manquer : la religion du serment n'ajoute rien à l'étendue des obligations, tout comme la suppression du serment ne dispense point de les remplir.

Il est également typique de rappeler qu'en 1789 les cahiers du clergé de Villers-Cotterets réclamaient déjà la suppression du serment « à la réception d'un sujet dans quelque fonction que ce soit, la parole d'honneur devant suffire, s'il est honnête et le serment n'y ajoutant rien qu'un crime, s'il ne l'est pas ».

S'est-on enfin jamais aperçu que les membres des tribunaux administratifs ou des conseils de guerre rendaient plus mal la justice, pour n'avoir pas prêté serment, alors qu'à eux seuls les conseils de préfecture jugent près de quatre cent mille affaires par an.

Pour ce qui est de l'objet du serment des témoins, nous avons déjà noté (p. 84) ce que l'engagement de dire la vérité a d'incomplet. La promesse de dire toute la vérité, rien que la vérité qui n'est prescrite qu'en matière criminelle, devrait l'être dans tous les cas. On voit fréquemment des témoins s'autoriser de ce qu'ils n'ont promis que de dire la vérité, pour ne pas la dire tout entière.

Il est aussi très regrettable que notre loi pénale, s'en tenant à la vieille conception du faux témoignage, crime contre la religion, laisse impunie la déposition faite par un témoin non assermenté. La lacune est particulièrement sensible en matière criminelle, où l'admissibilité de la preuve testimoniale n'est soumise à aucune restriction, où le juge peut condamner un accusé sur la foi d'un seul témoignage non accompagné de serment (1).

Comme mode de preuve, le serment mérite encore des reproches spéciaux. En dehors de toute transaction librement intervenue entre les parties, de tout acquiescement ou désistement, la décision d'un procès ne devrait dépendre en aucune façon des déclarations intéressées du plai-

(1) Dans le Code pénal belge (art. 217) et italien (art. 214) la prestation de serment du témoin n'est qu'une circonstance aggravante de la culpabilité. La loi pénale réprime la fausse déposition non assermentée.

deur. Comment la loi qui a montré tant de défiance à l'égard de la preuve testimoniale, a-t-elle pu se livrer à cette illusion dangereuse que la vérité sortirait de la bouche même de celui qui est intéressé à la cacher? Les auteurs les plus graves, les plus spiritualistes ne reconnaissent-ils pas la prédominance que les hommes accordent à leurs intérêts matériels sur ceux de la conscience. « L'intérêt, dit Toullier, est le dieu caché de la plupart des hommes. » Et Gabriel : « une triste et malheureuse expérience nous apprend que le plus vil intérêt a sur l'esprit de la plupart des hommes plus de pouvoirs que les plus grands motifs de la religion. » Et Larombière : « l'homme, placé entre son intérêt et sa conscience, est disposé par une facilité déplorable, à trahir la vérité et à fausser sa parole et sa foi, et à commettre un mensonge d'autant plus séduisant qu'il n'a pour instrument que la parole, et croit n'avoir pour témoin que la conscience ».

On dit bien que l'intérêt matériel du plaideur n'est rien en comparaison du châtiment céleste, du remords, du mépris public. Cicéron demande bien *an est ullum majus malum turpitudine*. Mais comment espérer que ces considérations morales auront une influence sur celui qui n'a pas craint de porter une demande injustifiée devant le tribunal, au moment où un mot de sa bouche va lui donner gain de cause. « Celui qui refuserait le serment serait taxé de folie, va même jusqu'à dire M. Mazeau ; pourquoi faites-vous plaider dirait-on puisque vous reconnaissez votre tort. »

A tous ces motifs de dissimulation se joint l'entêtement, l'amour-propre, la fausse honte de se rétracter et d'avouer ainsi un mensonge et une injustice (1).

(1) Pour y remédier l'article 173 du Code de procédure de Genève

En réalité le législateur de 1804 n'a pas étudié la question du serment. Il a suivi plus ou moins consciemment la phraséologie optimiste du tribun Jaubert : « ne nous arrêtons pas dans cette matière à des idées trop défavorables à l'espèce humaine ; n'examinons pas avec une analyse sévère si l'état des sociétés actuelles et les exemples effrayants de corruption qui nous affligent doivent laisser subsister l'antique théorie du serment. » *Teneo reum confitentem*. N'est-il pas impardonnable d'avoir introduit dans nos lois, sans analyse et sans discussion aucune, une théorie d'une valeur aussi contestable que les précédents projets du Code civil avaient écartée, et qui n'a d'autre garant que son antiquité. On a sacrifié les intérêts bien entendus de la société, à ce besoin continuel d'idéal ou simplement d'illusion, qui est la marque et aussi la faiblesse du génie latin.

Qu'importe après cela qu'on nous représente le serment comme la ressource suprême, *ultimum subsidium*, de celui qui n'a en sa faveur, ni écrit, ni témoins, si ce moyen ne doit pas conduire à la découverte de la vérité.

Ajoutons qu'en matière de conventions, les facilités qu'offre la civilisation moderne rendent impardonnable la négligence de celui qui ne se ménage pas une preuve de son droit. S'agit-il au contraire d'un simple fait, d'un délit, toutes les preuves sont admissibles, même les présomptions de fait.

Enfin on a tenté de défendre le serment en mettant les choses au pire. Il y a, a-t-on dit, des exemples, si rares soient-ils, de cas où il a pu servir à démontrer la vérité. Or n'y en eut-il qu'un seul dans tout le siècle que ce serait assez pour justifier le serment. C'est là une affirmation à

veut que la prestation de serment n'ait lieu en principe qu'à une audience subséquente.

laquelle il ne manque que la démonstration. Il faudrait rechercher tous les cas où le serment n'a pas apporté la lumière, ou au contraire il a trompé le juge et fait prononcer une condamnation imméritée. Qu'on mette donc en balance le bilan de ces injustices avec l'effet utile de l'autre cas, et qu'on juge l'institution.

N'est-il pas en outre immoral, ce conflit qui s'élève entre l'intérêt et la conscience, l'utile et le juste? N'est-il pas choquant que pour gagner son procès il suffise d'être parjure et qu'au contraire l'honnête homme le perde (1) ? Le serment est-il dès lors autre chose qu'une tentation de parjure et n'arrive-t-on pas à ce résultat déplorable que celui qui prête serment à bon droit laisse cependant derrière lui un lambeau de sa réputation ?

Si nous examinons spécialement le serment décisoire, son analyse en une transaction nous apparaît comme absolument fausse. Ce qu'il manque pour qu'il y ait convention, c'est l'essentiel ; c'est le consentement de l'une des parties.

On dit bien que celui qui reçoit la délation ne saurait se plaindre de ce qu'on le fait juge dans sa cause en s'interdisant tout contrôle et tout recours. Mais d'abord il est impossible d'imposer une convention à quelqu'un, fut-elle tout à son avantage.

Ensuite la déclaration assermentée qu'on réclame est une dérogation à la règle que la preuve d'une prétention incombe à celui qui l'élève. La prétention du *deferens* est

(1) Xénophane disait déjà : « Il n'y a pas la moindre égalité entre les parties quand c'est un impie qui provoque au serment un homme plein de piété, et c'est tout à fait comme si un homme vigoureux provoquait un malade à se battre avec lui ou plutôt à se faire battre. » Aristote, *Rhétorique*, 1.15, § 26.

exorbitante : elle exige un acte susceptible de constituer un aveu au mépris de la règle *nemo contra se edere tenetur*.

Au surplus l'analyse du refus de serment en un aveu tacite est très contestable. Ce refus peut s'expliquer par le scrupule qu'éprouve l'honnête homme à trancher lui-même un débat qu'il a soumis à la justice, par un léger doute qui subsiste dans son esprit sur les faits à propos desquels on réclame son affirmation (1).

Le serment décisoire n'est pas moins grave dans ses effets. Cette transaction qui n'est pas libre s'impose au juge et reste sans appel : la partie, à qui tout recours est fermé, ne peut jamais prouver le parjure et recouvrer ce que ce dernier lui a fait perdre, alors même que le faux serment serait établi et puni par la juridiction criminelle.

Le parjure condamné continue à invoquer un droit qui n'a d'autre fondement que sa propre turpitude. Et la mince satisfaction de voir son adversaire condamné au criminel échappe le plus souvent au plaideur trompé, par la quasi-impossibilité qu'il y a pour le ministère public à prouver le délit par écrit, conformément aux règles du droit civil. Après la garantie religieuse, c'est la garantie pénale du serment qui fait défaut. Tous ces résultats sont injustes et immoraux.

La plupart des auteurs anciens ou modernes qui ont critiqué le serment ont toujours dirigé le centre de leur attaque sur le serment supplétoire. Témoin la phrase fameuse de Pothier d'ordinaire si réservé dans ses criti-

(1) Le Code de procédure civile allemand (art. 424), sans doute pour corriger ce qu'il y a d'excessif à imposer un serment par oui ou par non, se contente dans notre hypothèse du serment « qu'après examen et recherches scrupuleuses la partie a acquis la conviction que le fait est vrai ou qu'il n'est pas vrai ». Mais encore ces recherches peuvent-elles ne pas aboutir à une conviction et laisser subsister un doute.

ques, que nous rappellerons seule, mais qui pourrait être accompagnée de beaucoup de citations du même genre :

« Depuis plus de quarante ans que je fais ma profession, j'ai vu une infinité de fois déférer le serment et je n'ai pas vu plus de deux fois, qu'une partie ait été retenue par la religion du serment, de persister dans ce qu'elle avait soutenu » (1).

Les anciens jurisconsultes se plaçaient sur le terrain du serment supplétoire, parce que l'emploi qu'on en faisait était très fréquent, et que trop souvent les juges n'étaient pas à l'abri de tout soupçon d'ignorance ou de partialité. Ce point de vue apparaît nettement dans les critiques de Doneau : « Le serment supplétoire est une grande fenêtre ouverte aux juges pervers ou ignorants qui leur permet de juger suivant leur caprice en faveur de celui-ci ou de celui-là » (2) ; Bentham dit aussi que « le juge inhabile ou inappliqué s'en fera un oreiller de paresse, et qu'ayant satisfait aux formes et sauvé sa responsabilité légale, il néglige l'essentiel. »

Aujourd'hui personne ne saurait adresser des insinuations de ce genre à notre magistrature. On n'en continue pas moins de s'acharner sur le serment supplétoire. Il nous paraît cependant moins critiquable que le serment décisoire. D'abord il suppose une prétention qui n'est pas entièrement dénuée de preuves (3) et surtout le juge en reste toujours le maître absolu.

(1) *Obligations*, n° 924, *in fine*.

(2) Comment. *De jure civili*, 4.19.

(3) Le juge est incertain, il hésite, disait Jaubert au tribunat : c'est alors qu'il peut assujettir au serment l'une ou l'autre des parties (Fenet, t. 13, p. 409).

Le serment supplétoire est donc soumis à la même condition que la preuve testimoniale (s'il s'agit d'un litige d'une valeur supérieure à

Seulement les critiques que nous avons adressées au serment en général et au serment affirmatif subsistent.

Ajoutons que le procédé du serment supplétoire est peu en harmonie avec le rôle actif et exclusif que doit jouer le magistrat dans l'administration de la justice. « Au moment où dire le droit est le plus difficile, où chaque plaideur semble avoir raison, où deux textes paraissent opposés, le magistrat s'efface, constitue un des champions l'unique juge de sa propre cause et de celle de son adversaire et lui dit : Au nom de la loi, je ne sais pas faire justice, toi qui plaides, lève la main et je consacrerai ton serment » (1).

Il est certainement étrange que le juge puisse déférer le serment non seulement à celui qui a commencé à prouver son droit, mais encore à son adversaire ; étrange qu'un plaideur soit constitué juge dans sa cause, car il faut bien supposer que le juge a l'intention de consacrer le serment sans quoi la délation n'aurait eu pour but que d'infliger au prestataire la flétrissure, au moins inutile, du parjure.

On verra enfin, immoralité scandaleuse, une partie prêter serment dans un sens en première instance et son adversaire jurer dans le sens opposé en appel.

Le serment estimatoire mérite une indulgence particulière. D'abord il est peu dangereux puisqu'il suppose acquis le principe de la condamnation dont il ne reste plus qu'à fixer le chiffre. Ensuite il n'est déféré, d'après le texte même de l'article 1369, qu'en cas de nécessité, que si cette fixation ne peut être faite par aucun autre moyen. Il reste

150 francs) : mais il y a une grande différence entre la prestation de serment du plaideur et la déposition d'un témoin désintéressé.

(1) Mazeau, *op. cit.*, p. 10.

seulement sujet aux critiques générales qu'appelle tout serment.

Nous croyons trouver un appui à nos critiques dans la statistique des serments décisoires et supplétoires, déférés chaque année, depuis un demi-siècle.

Le graphique ci-joint montre une décroissance continue dans l'emploi du serment comme mode de preuve, tandis que le chiffre total des litiges reste à peu près stationnaire (1). Les juges et les plaideurs perdent de plus en plus confiance dans la valeur du serment. Une institution en décadence appelle les réformes du législateur.

(1) Voici un tableau indiquant le nombre des serments décisoires et supplétoires déférés en France, d'après le compte général de l'Administration de la justice, dressé annuellement par le service de statistique du ministère de la justice. Nous avons négligé les chiffres de l'Algérie et de la Tunisie, où des considérations particulières empêchent de tirer une conclusion de la statistique.

Années	S. décisoire	S. supplétoire	Années	S. décisoire	S. supplétoire
1840	970	626	1869	545	125
1841	811	457	1870	359	87
1842	715	446	1871	294	73
1843	655	416	1872	448	104
1844	723	371	1873	439	112
1845	643	348	1874	440	135
1846	617	331	1875	446	142
1847	568	305	1876	391	94
1848	482	230	1877	418	131
1849	492	301	1878	382	101
1850	515	315	1879	475	118
1851	493	253	1880	457	146
1852	534	317	1881	499	111
1853	488	267	1882	469	117
1854	480	244	1883	415	122
1855	486	236	1884	411	117
1856	485	226	1885	393	110
1857	431	250	1886	416	89
1858	461	169	1887	356	107
1859	413	190	1888	340	172
1860	405	153	1889	350	108
1861	545	151	1890	354	80
1862	518	148	1891	383	77
1863	477	134	1892	371	63
1864	525	140	1893	396	66
1865	516	139	1894	383	88
1866	508	139	1895	359	84
1867	506	152	1896	354	78
1868	514	131			

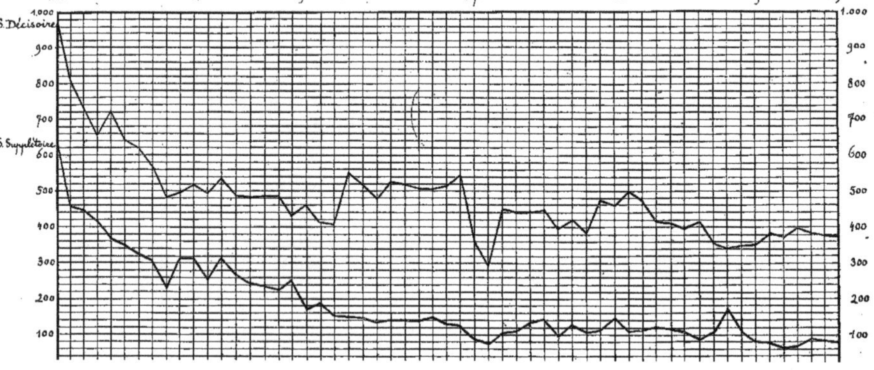
1840
1850
1860
1870
1880
1890
1896
S. Décisoire
S. Supplétoire
1.000
900
800
700
600
500
400
300
200
100

CHAPITRE II

LES SYSTÈMES.

Les différents systèmes qu'on a proposés sur le serment se réfèrent naturellement à l'essence de l'institution, au caractère religieux, qu'ils maintiennent, modifient, rendent facultatifs, remplacent par une autre garantie ou détruisent purement et simplement, suivant les opinions.

Écartons de suite le maintien du *statu quo*. Pour libérale que soit la jurisprudence qui dispense du serment les sectes religieuses qui ne l'admettent point, elle n'en est pas moins illégale dans l'état actuel des textes et de plus arbitraire, puisqu'elle n'accorde pas la même dispense aux libres-penseurs.

Même si on ne juge pas opportun de se prononcer à l'heure actuelle sur la valeur du serment, il faut pour le moins régulariser la situation des sectes religieuses en question, et statuer nettement sur celle des libres-penseurs.

Il est juste toutefois de reconnaître que la forme religieuse du serment usité en France, est réduite à sa plus simple expression. Si on met à part la formule des articles 312 et 348 du Code d'instruction criminelle, elle se réduit à ce seul mot : jurer.

A ce point de vue, bien des législations étrangères sont demeurées plus formalistes, et c'est peut-être une des raisons pour lesquelles satisfaction a été plus tôt donnée aux dissidents.

En Allemagne, la formule est : je jure devant Dieu tout-puissant et omniscient. Elle se termine par cette exécration : Que Dieu me soit en aide (1). En Norvège : je le jure ; que Dieu tout-puissant et omniscient m'assiste (2). En Russie, on trouve dans le serment des juges, des huissiers et des avocats, la formule suivante : je promets et je jure devant Dieu tout-puissant, sur son Saint Evangile et sur sa croix vivifiante (3). En Ecosse : je jure par le Dieu tout-puissant et comme je serai jugé un jour (4). On trouve encore l'exécration finale en Belgique : ainsi m'aide Dieu, ainsi m'aide Dieu et tous les saints (5), en Angleterre et aux États-Unis : que Dieu m'y aide. Dans le serment que les tribunaux anglais font prêter aux Chinois, appelés à jurer devant eux, on prend une soucoupe, on la casse devant le Chinois et l'interprète lui parle ainsi : Si vous ne dites pas la vérité, votre âme sera brisée en mille morceaux comme cette soucoupe (6).

En Italie, d'après l'article 226 du Code de procédure il fallait dire : je jure en prenant Dieu à témoin de la vérité de ce que je déclare. Des refus de serment opposés par des témoins en matière criminelle produisirent en 1875 un certain mouvement contraire au caractère religieux du

(1) Article 443 du Code de procédure civile de 1877, *id.*, article 217 du Code de procédure pénale hongrois : chose curieuse et critiquable, le serment des témoins en matière criminelle, est prêté *après* leur audition.

(2) L. 10 mai 1893, article 1.

(3) Code d'organisation judiciaire de l'empire de Russie de 1864, appendice III de l'édition du comte Kapnist.

(4) Comte de Franqueville, *Système judiciaire de la Grande-Bretagne*, 2e édit., 1893, t. II, 612.

(5) Arrêté du 4 novembre 1814, V. *Moniteur belge* du 22 septembre 1894.

(6) Lousada. Le serment en Angleterre, *France judic.*, 1881-1882, p. 359. Comte de Franqueville, *op. cit.*, II, 378.

serment. Un projet voté par la Chambre supprima ce caractère, mais le système qui prévalut au Sénat et dans la loi des 30 juin-5 juillet 1875 fut beaucoup moins radical. Le serment reste religieux, mais la formule ne consiste plus que dans les mots : je le jure. Le nom de Dieu n'est pas expressément invoqué.

Dans le canton de Genève, le serment du plaideur est promissoire comme celui des témoins. La partie prononce la formule ; puis c'est le président qui ajoute : que Dieu témoin de votre serment vous punisse si vous êtes parjure. C'est seulement alors que la partie fait sa déclaration sur les faits eux-mêmes (1).

Beaucoup de législations ont aussi admis l'admonition du juge avant la prestation du serment. C'est d'abord le Code de procédure de Genève (art. 173). Avant les formalités que nous venons de rappeler, le président, en audience publique, expose nettement à la partie les faits sur lesquels elle doit jurer, lui rappelle les peines contre le parjure. De plus, nous l'avons déjà dit, la prestation est renvoyée à une audience subséquente, à moins de circonstances urgentes, pour laisser à la partie le temps de se rétracter sans éclat (2). Dans le canton de Vaud, l'admonition devient un morceau d'éloquence. Mais une répétition trop fréquente doit nuire à sa majesté : « Dans cet acte imposant et solennel, je vous exhorte de prendre garde aux conséquences qu'il peut entraîner pour vous-même. C'est au nom de Dieu, c'est devant Dieu que vous allez promettre de dire la vérité. Songez à l'énormité du crime que commet le parjure, et aux malheurs auxquels il s'expose. En trahissant la vérité, en la dénaturant, ou

(1) Art. 174, C. pr. de 1819.

(2) Cf. l'exposé des motifs de Bellot sur les articles 173 et 174.

même en la dissimulant, vous ne vous rendez pas seulement coupable d'injustice envers votre prochain, mais vous trompez les juges, vous attirez sur vous l'infamie publique et la rigueur des peines de la loi. Enfin ce qui est le plus affreux à penser, vous provoquez sur vous le châtiment du juge suprême qui punit les méchants au delà de cette vie. Quel avantage temporel pourrait être mis en balance avec la somme effrayante de tant de maux? Je ne puis donc avoir aucun doute que vous remplissez les obligations que vous impose le serment que vous allez prêter avec dévotion et sincérité, et une entière pureté de cœur ». Après cette harangue, les juges se lèvent et le président dit : « Vous jurez de dire toute la vérité et rien que la vérité, vous jurez par le nom de Dieu, comme vous voulez qu'il vous assiste à votre dernier jour. »

Le prestataire répond : je le jure.

Cette cérémonie ne se conçoit pratiquement que pour les tribunaux dont le rôle n'est pas trop chargé.

L'article 442 du Code de procédure allemand prescrit plus simplement au juge de rappeler en termes appropriés aux circonstances l'importance du serment. Le juge italien doit aussi faire à la partie une admonition sur l'importance et la sainteté du serment (1).

Les rites qui accompagnent le serment sont en général les mêmes que chez nous. Le prestataire est debout, découvert et il lève la main droite. En outre, à Genève, les Saintes Ecritures sont ouvertes devant lui (2). Le rite est différent en Angleterre et aux Etats-Unis : le prestataire prend la Bible dans sa main droite et après le prononcé de la formule, il pose ses lèvres sur le livre saint.

(1) Art. 226, C. pr. ital.
(2) Art. 174.

Mais dans ces derniers temps des juges anglais et américains se sont très sagement autorisés de l'absence de tout texte impératif pour dispenser les témoins de cet usage déplorable au point de vue hygiénique, et se contenter de faire lever la main droite (1).

La plupart de ces législations dispensent du formalisme ordinaire du serment les adhérents aux sectes religieuses qui ne l'admettent point. En Angleterre on sait qu'il en est ainsi pour les Quakers depuis le règne de Charles II (2), et pour toutes les sectes depuis l'Oath's act de 1888 (C. 46) : toute personne peut remplacer par une affirmation solennelle le serment qui est contraire aux préceptes de sa foi. Il en est de même en Hongrie d'après l'article 219 du Code pénal et l'article 20 de la loi de 1877, à Genève d'après l'article 175 du Code de procédure. A Bâle celui qu'un scrupule religieux empêche de prêter serment le remplace par une affirmation solennelle en frappant dans la main du président (3). En Norvège la dispense est soumise à une réserve très grave depuis la loi du 10 mai 1893. Pour se contenter d'affirmer sur son honneur et sur sa conscience, il faut qu'on ait une conviction sérieuse.

En Allemagne la dispense est accordée par des lois spéciales (4), mais elles sont encore très peu nombreuses. Il y en a une au Wurtemberg pour les mennonites et les séparatistes, en Prusse pour les mennonites (5).

Un certain nombre de législations ont également affran-

(1) V. par exemple, *Journal des Débats* du 9 février 1899.

(2) *Dictionnaire philosophique* de Voltaire, V° *Affirmation par serment.*

(3) L. 8 février 1875, sur la procédure civile, *Annuaire de législation comparée de* 1876, p. 748.

(4) Art. 446, C. pr. civ., 288, C. pr. pén.

(5) Ord., 11 mars 1827, Cf. L. 29 mars 1879, art. 5, sur les arbitres.

chi du serment ceux qui n'invoquent aucune foi religieuse pour y échapper, mais seulement le droit à la libre pensée.

Le projet du Code de procédure belge (art. 20, 21, 34, 58) est en ce sens : une affirmation simple sous la même sanction que le parjure remplace le serment. Le remplacement consiste en une affirmation sur l'honneur et la conscience d'après les lois norvégienne (1), anglaise (2), valaisanne (3), d'après la législation de plusieurs Etats américains : par exemple en Californie (4), dans les Etats de New-York, New-Hampshire, Maine, Wisconsin, Michigan, Missouri.

En Espagne même, des députés républicains ont pu, d'après le règlement de la Chambre substituer une promesse civile au serment (5).

L'article 49 de la Constitution suisse de 1874 porte expressément que la liberté de conscience et de croyance est inviolable, que nul ne peut être contraint d'accomplir un acte religieux, ni d'encourir des peines de quelque nature qu'elles soient pour cause d'opinion religieuse (6). Déjà la loi genevoise du 20 décembre 1854 admettait le refus de serment pour des motifs de conscience et son remplacement par une affirmation ; mais les lois cantonales postérieures à 1874 ne furent au contraire, comme les décisions gouvernementales du canton de Soleure des 28 mai-4 sep-

(1) L. 6 juillet 1887, modifiée par L. 10 mai 1893 qui exige une conviction sérieuse.

(2) *Oath's act* de 1888 ; *Id. Dictionnaire des lois anglaises de Sweet*, 1882, V° *Affirmation*, 53.

(3) L. 23 mai 1879, art. 1, *Annuaire de* 1879, p. 655.

(4) Constit., 7 mai 1879, art. 20, sect. 3, pour le serment des fonctionnaires, *Annuaire de* 1877, p. 888.

(5) *V. Le Temps* du 16 juin 1886.

(6) Annuaire de 1875, p. 463.

tembre 1886 (1), qu'une application du texte constitutionnel précité.

En somme, toutes les législations que nous venons de passer en revue admettent plus ou moins complètement le système de la double formule.

Ce système lui-même est loin d'échapper aux critiques. Elles ne reçoivent pas toutes une réponse satisfaisante.

Au point de vue théorique, on a remarqué que l'admission de la double formule rompt l'unité de législation. Mais l'inégalité de situation qui en résulte pour les citoyens est purement facultative et volontaire. Notre hypothèse est comparable à celle qui se présente en matière de régimes matrimoniaux: la loi organise la communauté légale, mais elle laisse les époux libres de choisir un des autres régimes qu'elle détermine.

En second lieu, l'exercice du choix entre les formules nécessite une explication, une sorte de profession de foi religieuse, ce qui est encore contraire à la liberté de conscience.

En outre la consécration juridique d'un acte religieux, même facultatif, comme entraînant des conséquences civiles, ne s'accorde pas avec le principe de la neutralité religieuse de la loi civile.

On répond qu'un législateur bien inspiré doit tenir éminemment compte des croyances et des mœurs du pays pour lequel il légifère (2). Or la formule religieuse est encore dans ces croyances et dans ces mœurs.

Ne peut-on répliquer qu'il suffit de laisser à ces formes religieuses une existence extra-légale et en même temps fa-

(1) *Annuaire de* 1886, p. 557.

(2) En ce sens, discours de M. Humbert au Sénat, séance du 4 décembre 1882. M. Varambon à la Chambre le 22 juin 1882.

cultative avec application de la règle *quod abundat non vitiat*, comme on l'a fait pour le mariage?

Enfin, avec le choix entre deux formules de gravité inégale, les croyants eux-mêmes n'opteront jamais pour celle qu'il leur coûterait le plus de prononcer : c'est la disparition en fait de la formule religieuse. Il eût donc été plus logique de la supprimer aussi en droit ; car il ne faut pas songer à appliquer la réserve de la conviction sérieuse que nous avons trouvée dans la loi norvégienne. Scruter la conscience religieuse d'une personne n'est pas seulement une violation de la libre pensée, c'est aussi impraticable; c'est vouloir saisir avec les doigts un être immatériel. Quelle que soit l'habileté du juge, jamais son arbitraire n'aurait été plus dangereux.

Pratiquement la déclaration religieuse qui implique le choix entre les formules est tout à fait déplacée dans l'enceinte d'un tribunal. Spécialement en Cour d'assises, les témoins et les jurés se trouveront divisés en deux camps, les assermentés et les non assermentés ; ce sera un champ clos où les discussions politiques et religieuses se donneront carrière. Que deviendront le calme et la sérénité si nécessaires au bon fonctionuement de la justice?

En outre les non assermentés constitueront comme une classe inférieure de jurés ou de témoins, une catégorie suspecte. On devra donner de ce chef à l'accusé un droit de récusation spécial.

Tous ces inconvénients pratiques sont au moins exagérés. On a ressenti la crainte du scandale sous le coup de l'émotion provoquée par des refus de serment retentissants ; mais quand les libres penseurs auront reçu satisfaction par l'octroi d'une formule laïque, ils n'auront plus aucun motif de venir faire de leurs doctrines un étalage, que le tribunal arrêterait aussitôt. Le scandale ne subsiste plus que dans le seul fait du refus de la formule religieuse et de son remplacement immédiat par la formule laïque : l'audience n'en serait guère troublée (1).

D'autre part la nécessité d'organiser un droit de récusation spéciale n'est nullement justifiée. Les droits de la défense ne sont nullement atteints par la substitution d'un serment laïque à un serment religieux. Quelle garantie l'accusé pouvait-il trouver dans un juré ou un témoin athée, qui prêtait néanmoins serment, et inaugurait ainsi l'accomplissement de son devoir social par un acte d'hypocrisie ou même un mensonge ?

Mais il faut convenir qu'il sera pour le moins bizarre de voir en Cour d'assises le président prononcer deux discours un avec Dieu, l'autre sans Dieu (Rapport Mirman de 1894).

On a aussi répliqué aux critiques par l'exemple des législations étrangères où le système de la double formule semble fonctionner sans inconvénients. Mais dans ces pays, le conflit ne s'élève guère qu'entre les croyants ordinaires et ceux des sectes qui repoussent le serment, tandis que

(1) Cependant la crainte de ces troubles a inspiré un moyen de les éviter (contre-propositions Humbert, du 2 février 1883). Pour s'en tenir à la formule laïque le juré devrait en faire la demande écrite au président après la formation du tableau du jury de jugement (avec une demande antérieure on serait porté à écarter le juré récalcitrant) et avant l'audience. De la sorte le président prononcera pour le juré en question la formule laïque sans attendre son refus de la formule religieuse : tout scandale est évité. On a objecté que le juré pourrait ignorer la loi qui ordonne de faire à l'avance une demande écrite de serment laïque et produirait ainsi le scandale d'un refus à l'audience. Mais nul n'étant censé ignorer la loi, le juré sera en faute, il devra supporter l'amende de l'article 396 du Code d'instruction criminelle sans pouvoir s'en tenir à la formule laïque.

chez nous il y a d'un côté les croyants et de l'autre les non-croyants.

Il va sans dire que le système de la double formule punit la fausse affirmation comme le faux serment. Ce système a été présenté,bien avant la discussion des Chambres. par un magistrat, M. Charles Carpentier.

Le système de laïcisation du serment, qui n'admet qu'une formule, unique et laïque, est selon nous plus exact et plus simple.

Il part du principe de la neutralité religieuse de la loi civile et il échappe aux inconvénients que nous avons signalés pour la formule double. Il ne viole pas du reste la liberté religieuse des citoyens. Chacun reste libre d'ajouter à la formule légale les formes religieuses qui conviennent à ses croyances, pourvu naturellement que la tenue de l'audience s'y prête.

Comment sera conçue notre formule laïque de serment ou si l'on veut (car il n'y a là qu'une question de mots) notre déclaration civile qui remplacera le serment.

Elle peut consister dans ces simples mots : je promets ou j'affirme. Même en ce cas elle reste solennelle, car elle est faite à l'audience, sur interpellation directe et spéciale du président, et le prestataire resterait comme pour le serment actuel debout, découvert et la main droite levée. Il ne faut pas en effet objecter à cette attitude qu'elle suppose nécessairement un serment religieux (1). Lever la main n'est pas forcément un appel, une attestation de Dieu, comme dans la vieille formule biblique : *levo manum ad Deum excelsum*. C'est simplement, dans un serment laïque, un geste destiné à attirer sur soi et sur sa déclara-

(1) En ce sens, M. Jouin au Sénat. Séance du 2 février 1883.

tion l'attention des auditeurs ; il en est de même de l'attitude debout. Être découvert est enfin une simple marque de respect pour le tribunal.

Cette première formule a été employée en matière criminelle pendant treize ans et sans inconvénients apparents sous l'empire du Code de brumaire an IV, rédigé par Merlin (1).

C'était sans doute le système qu'avaient en vue les rédacteurs du Code civil avant que les mots « affirmation judiciaire » de leur projet n'eussent été remplacés au Conseil d'Etat par le mot serment.

Aujourd'hui, au Mexique, c'est une règle constitutionnelle que la simple promesse de dire la vérité ou d'accomplir les obligations qu'on contracte, remplace le serment religieux chaque fois qu'il s'agit d'affirmer un fait devant les tribunaux ou de prendre possession d'une fonction (2).

On a proposé une seconde formule, plus solennelle : je promets ou j'affirme sur mon honneur et ma conscience. Aucune atteinte n'est portée par ces mots au principe de la liberté de conscience. Personne ne pourrait objecter sérieusement : je n'ai pas de conscience. S'il y a des divergences sur les questions religieuses et métaphysiques, il ne saurait y en avoir relativement au juste et à l'injuste, au bien et au mal. Tous les hommes sont unis dans cette communion morale du devoir qui consiste à proclamer l'existence d'un droit commun obligatoire pour tous. On a aussi critiqué le mot honneur, avec plus de raison. Sans remonter à Bossuet, Mgr Freppel a rappelé que le sens de ce mot est infiniment variable suivant les individus, et

(1) Art. 185, 343 et 350.

(2) Constitut. du 14 décembre 1874, art. 21. Annuaire de 1875, p. 714.

que par exemple on ne manquait de mettre son honneur en avant pour se justifier d'avoir tué son adversaire en duel (1).

D'ailleurs l'adjonction des mots : sur mon honneur et ma conscience, n'est pas d'une utilité manifeste ; or, tout formalisme dont la nécessité n'est pas démontrée, doit être banni.

Nous concevons une troisième formule, qui n'est autre que la formule actuelle : je le jure. Seulement la loi déciderait expressément que les mots serment et jurer n'ont plus juridiquement aucun sens religieux (2). On a objecté que le rôle du législateur n'était pas de modifier le sens des mots. Ainsi présentée, l'objection est réfutable : la loi a parfaitement le droit de déterminer la portée et la signification d'un terme qu'elle emploie. Sans doute elle doit en général s'abstenir de faire des définitions. Mais il n'est après tout qu'une question de méthode, à laquelle le Code civil a bien souvent montré qu'il était permis de déroger (3). Seulement l'empire de la loi ne dépasse pas les limites du droit ; quoiqu'elle fasse, le serment reste au point de vue mondain et religieux un acte religieux et cela suffit pour qu'elle ne puisse l'imposer. En adoptant cette formule on voulait utiliser la force particulière que certaines personnes attachent encore, paraît-il, au mot serment et jurer. On raisonne ainsi, le serment n'est plus juridiquement religieux, le principe de la liberté de conscience est sauf ;

(1) Chambre, Séance du 22 juin 1882.

(2) V. M. Joseph Fabre, Chambre, séance du 22 juin, *Journal officiel* du 23.

(3) Exemple, articles 102, 388, 544, 578, 637, 739, 894, 1003, 1010, 1101, 1265, 1317, 1349, 1350, 1371, 1540, 1582, 1659, 1702, 1709, 1800, 1804, 1832, 1837, 1841, 1875, 1892, 1915, 1949, 1964, 1984, 2044, 2071, 2114, 2219, 2228.

mais, d'autre part, grâce au caractère religieux que le croyant continue d'y attacher, on réalise avec tous les croyants la garantie religieuse ! On s'illusionne, nous l'avons dit, sur l'effet d'un changement de signification du mot serment et on ne peut pas plus imposer un acte religieux à un croyant qu'à un non croyant, et en particulier, ce système ne mettrait pas fin aux résistances des quakers et des anabaptistes. Il n'y a pas, du reste, à regretter la garantie religieuse du serment : à l'heure qu'il est, elle est morte. Fût-elle vivante, qu'on ne pourrait l'utiliser, parce qu'elle est incompatible avec la liberté de conscience.

A plus forte raison, écarterons-nous la formule : « Sur mon honneur et ma conscience, je le jure » (1). L'adjonction de la première partie de cette formule dispenserait de mentionner expressément que le serment n'est plus un acte religieux : la modification serait simplement implicite. Mais cette formule est aussi inacceptable que la précédente ; elle lui est inférieure en clarté, parce qu'elle laisse à l'état de sous-entendu ce que l'autre déclare expressément.

Nos préférences seraient donc pour la formule la plus simple : je promets ou j'affirme. On continuerait de la prononcer dans l'attitude, usitée depuis longtemps en France, et qui ne viole aucun principe.

Il serait, en outre très efficace, croyons-nous, de faire précéder toute prestation de serment d'une admonition du président, destinée à rappeler à la partie que le faux témoignage ou la fausse déclaration est sanctionnée par la loi pénale (2) et suivie de la lecture même de l'article ap-

(1) *Sic* : proposition Jules Roche, du 6 février 1882.

(2) *Sic* : article 178 du projet de réforme du Code de procédure, élaboré par le Conseil d'Etat.

plicable (art. 362 à 366, Cod. pén.). Il serait même souhaitable que le ministère public eut toute liberté pour faire la preuve de la fausse déclaration. Tel serait notre système sur la forme et la sanction de la déclaration solennelle appelée à remplacer le serment.

A ce propos on a reproché aux différents systèmes qui adoptent une formule laïque d'être illogiques en punissant la fausse application comme le parjure, alors que le mensonge et le dol restent à l'abri de la loi pénale.

Il suffit de répondre que la déclaration que nous punissons a été faite solennellement, en justice, qu'en conséquence elle a été authentiquement constatée et qu'elle est impardonnable.

Un dernier point a été agité : c'est la question des emblèmes religieux qui existent d'ordinaire dans les salles d'audience et d'instruction. Nous considérons comme aussi maladroit qu'inutile d'insister sur cette question irritante. Aucune loi n'a permis, ni prescrit l'introduction de ces emblèmes dans le sanctuaire de la justice, c'est seulement un usage ancien. La loi n'a donc pas à intervenir pour les en faire sortir. Une simple circulaire du ministre de la justice y suffirait. Mais nous allons plus loin : cette exclusion ne serait pas nécessaire même si la loi répudiait le serment religieux pour s'en tenir à une déclaration solennelle unique et laïque.

Sans doute les emblèmes perdraient du même coup leur caractère d'emblèmes, mais pourquoi froisser des susceptibilités par une expulsion : ils subsisteraient comme de simples ornements aux yeux de la loi, comme des œuvres d'art, ou même la crucification servirait si l'on veut d'avertissement au juge en perpétuant le souvenir d'une grande injustice commise.

Pour terminer l'examen des différents systèmes qui ont été proposés sur le serment en général, nous signalerons celui de M. Jeanvrot (1), qui supprime le serment purement et simplement et ne le remplace par rien. Il prétend en effet qu'une déclaration solennelle est aussi inutile qu'un serment. Nous avons suffisamment montré au contraire que les solennités ne sont pas encore dépourvues de tout effet sur l'esprit des hommes ; tant que ceux-ci seront des êtres doués d'imagination, tout ce qui frappe les sens influera sur leur personnalité, sur leur conscience même. On dit souvent dans la vie privée, *in petto*, en petit comité, dans une réunion publique même, ce qu'on n'oserait point répéter quand on sent les yeux des juges et du public fixés sur soi, quand on se lève et que la main étendue, on entend le son de sa propre voix dans le silence impressionnant de l'audience.

On retrouverait l'utilité de la solennité de la déclaration dans les diverses applications du serment et d'abord dans les engagements qui font l'objet du serment promissoire. Il faut seulement observer que plus la réalisation de l'engagement est lointaine, plus la garantie d'exécution qui résulte de la solennité s'affaiblira. Ainsi elle est de moins en moins efficace en passant des témoins aux jurés, puis aux experts, interprètes et traducteurs, puis aux fonctionnaires. Quant à la caution juratoire de l'article 603 du Code civil, elle est à rayer du Code ; sa présence, quand il n'y a en jeu qu'un intérêt privé et banal, ne s'explique que par le souvenir d'une époque qui introduisait le serment partout et à propos de tout.

Dans le serment affirmatif, la suppression pure et simple

(1) La question du serment.

du serment décisoire s'impose, sans aucun remplacement. La prétention d'une partie d'imposer le serment ou une déclaration solennelle à son adversaire est nous l'avons vu injustifiée. Les parties resteraient seulement libres de faire une convention de serment décisoire.

Le serment supplétoire, une fois transformé en affirmation solennelle, peut légitimement être imposé par le juge à un plaideur, comme un interrogatoire sur faits et articles ou une comparution personnelle. La partie n'a aucune bonne raison pour se refuser à renouveler en termes solennels sa prétention. Il reste seulement que le plaideur qui a intenté un procès sans droit ne se laissera arrêter que bien rarement par la crainte d'une affirmation solennelle.

L'affirmation estimatoire peut également se défendre, étant donné qu'elle ne s'impose pas plus au juge qu'un simple renseignement.

Platon dirigeait déjà ses critiques contre le serment judiciaire et recommandait de vider les procès sans y avoir recours, au moins quand les parties avaient un grand avantage à nier ou à affirmer, c'est-à-dire dans les causes d'une certaine importance. Il proscrivait même les serments spontanés que les plaideurs ne manquaient pas de multiplier devant le tribunal pour le convaincre (1).

(1) Ce que dit Platon à ce sujet est très curieux relativement aux mœurs du temps : « Les juges ne souffriront en aucune manière qu'on fasse en leur présence pour donner plus de croyance à ses paroles, ni serment, ni imprécations contre soi et sa famille, ni prières indécentes et lamentations qui ne conviennent qu'aux femmes ; mais ils ordonneront aux parties d'exposer jusqu'à la fin leurs *raisons* avec bienséance et d'écouter de même celles d'autrui ; sinon, tout ce que l'on dira hors de là sera regardé comme étranger à la cause, et les juges y ramèneront sans cesse ».

Les trois projets de Code civil présentés par Cambacérès en 1793, en 1794 et en l'an IV repoussaient le serment judiciaire dans un article spécial (art. 65, art. 185, art. 813 (1), et cependant siégeaient au sein de la commission chargée d'examiner ces projets, les jurisconsultes les plus éminents, comme Merlin et Portalis.

Sans vouloir en tirer une conséquence, il est curieux de noter que le serment judiciaire est inconnu des Chinois (2). Mais en Hongrie aussi le serment n'est pas admis dans les affaires de peu d'importance, c'est-à-dire qui sont de la compétence des juridictions communales (3), ce qui répond bien aux critiques que M. Huc dirigeait dès 1868 contre le serment, tel qu'il est pratiqué devant les juridictions inférieures (4).

Un certain nombre d'auteurs reconnaissent aujourd'hui que la section du serment de notre Code civil est appelée à disparaître (5).

(1) Le projet de 1793 porte à ce sujet dans l'exposé des motifs : « nous avons pensé que la morale et la raison demandaient l'abolition du serment créé pour servir de supplément aux conventions, mais qui, au lieu d'étayer le bon droit, ne fut presque jamais qu'une occasion de parjure ».

(2) John Davis, *A general description of the empire of China*, 1836, t. 1, p. 242 : Oaths are never required nor ever admitted in judicial proceedings.

(3) L. de 1877, art. 19, Annuaire de 1877, p. 296.

(4) Le Code civil italien, t. 1, p. 257.

(5) *Sic* : Mazeau, *Le serment judiciaire* ; Huc, *op. cit.*, p. 257 ; Jeanvrot, *op. cit.*

APPENDICE

HISTORIQUE DES TRAVAUX LÉGISLATIFS SUR LA QUESTION DU SERMENT.

La question est née dans la pratique et elle s'est toujours cantonnée dans la lutte entre le caractère religieux de l'institution et le principe de la liberté de conscience.

Dès 1875 des refus de serment provoquèrent en Italie une modification de la législation. Quelques années plus tard l'affaire Bradlaugh retenait longuement l'attention de l'Angleterre. M. Bradlaugh, élu député de Northampton, avait déclaré ne pas croire en Dieu avant de prêter le serment exigé des membres du Parlement. Or l'act de 1866 ne permettait de remplacer le serment par une affirmation solennelle que si on appartenait à une confession religieuse déterminée. Malgré son offre tardive de jurer, M. Bradlaugh ayant détruit à l'avance par sa déclaration d'athéisme toute la foi qu'on pouvait avoir en son serment, ne put jurer, ni par suite siéger au Parlement. Réélu trois fois député par Northampton, l'infortuné M. Bradlaugh ne réussit jamais à représenter cette ville au Parlement, et malgré l'appui de M. Gladstone un bill destiné à rendre équivalents l'affirmation solennelle et le serment échoua par 289 voix contre 292.

Chez nous les refus de serment retentissants firent apparition vers 1882 ; ils n'émanèrent jamais que des témoins ou des jurés, mais ils se répétaient fréquemment (1) et la jurisprudence ayant très exactement appliqué aux récalcitrants les amendes des articles 355, 396 et 398 du Code d'instruction criminelle, l'opinion publique s'émut soit en faveur des jurés ou témoins condamnés, soit en faveur de l'accusé dont la détention était souvent prolongée par le renvoi à une autre session de cour d'assises, et une proposition de loi fut déposée à la Chambre du 6 février 1882 par M. Jules Roche. Cette proposition ne s'occupait que des jurés et des témoins en matière criminelle : pour les premiers elle supprimait les mots : devant Dieu et devant les hommes des articles 312 et 348 du Code d'instruction criminelle ; pour les seconds elle faisait précéder pour marquer le caractère laïque du serment les mots je le jure des mots : sur mon honneur et ma conscience. Enfin elle supprimait tout emblème religieux dans les salles d'audience et d'instruction (2). Le 4 mars, le rapporteur de la troisième commission d'initiative parlementaire, M. Jullien, déposait un rapport concluant à la prise en considération (3). Le 18 mars, le garde des sceaux, M. Humbert, déposait à son tour un projet de loi établissant, en matière civile et criminelle, à côté de la formule religieuse la formule laïque : sur mon honneur et ma conscience je l'affirme ou je le promets, sous la sanction de l'article 366 du Code pénal.

Les propositions Delattre du 18 mars et Lacôte du 20 mars furent bientôt retirées (4).

(1) V. par exemple une longue liste dans Jeanvrot, *La suppression du serment*, 1887.

(2) *Journ. off.*, 1882, Ch. *Doc. parl.*, Annexe 383.

(3) *Journ. off.*, 1882, Ch. *Doc. parl.*, Annexe 526.

(4) *Journ. off.*, 1882, Ch. *Déb. parl.*, 19 et 21 mars.

Le 25 mai M. Jullien, au nom de la commission, dépose le rapport sur tous ces projets (1). La commission se prononce pour la formule unique laïque : le serment établi par les lois civiles, administratives et criminelles serait remplacé par la formule : sur mon honnenr et ma conscience j'affirme ou je promets. Les mots devant Dieu et devant les hommes des articles 312 et 348 sont naturellement supprimés. Le prestataire restait debout et découvert, mais ne levait plus la main et tout emblème religieux disparaissait de l'audience. Le juge devait rappeler les peines qui sanctionnent la fausse déclaration. Le refus de déclaration était puni de 500 francs d'amende sans circonstances atténuantes.

La discussion commença le 20 juin et fut de suite très intéressante. M. Frédéric Thomas soutint que les articles 312 et 348 du Code d'instruction criminelle avaient seuls besoin d'être modifiés et que la formule je le jure n'avait en elle-même aucun caractère religieux. Le lendemain dans un très bon discours, M. Joseph Fabre, combattait vivement le projet d'une double formule facultative et se ralliait à la formule unique de M. Roche : sur mon honneur et ma conscience je jure, mais en la faisant précéder par cette déclaration formelle de la loi que le serment n'était qu'une attestation de l'honneur et de la conscience et n'impliquait aucune profession de foi religieuse ou philosophique. Mgr Freppel à son tour se déclarait éloquemment pour le maintien du *statu quo*, en montrant que la garantie religieuse du serment subsistait, et, quant à la liberté de conscience, il observait qu'une loi utile nuit toujours à quelques intérêts particuliers et qu'on ne

(1) *Journ. off.*, 1882, Ch., *Déb. parl.*, 26 mai.

pouvait pas plus se refuser au serment qu'au service militaire. M. Varambon soutint la double formule du projet Humbert pour tenir compte de ce que le serment religieux est encore conforme aux mœurs et aux croyances générales.

M. Jullien vient défendre le projet de la commission et M. Jules Roche le sien propre par les arguments qui nous sont connus (1). Enfin après une attaque de M. Cazeaux contre l'amendement de M. Joseph Fabre et une réplique de ce dernier, la discussion est close. Sur l'amendement Fabre la prise en considération est repoussée par 221 voix contre 205. L'article premier de la proposition Jules Roche (formule : sur mon honneur etc.) est voté par 338 voix contre 108. L'article 2 (relatif aux art. 312 et 348, C. inst. cr.) par 313 voix contre 96, et l'article 3 (suppression des emblèmes religieux) par 210 contre 197.

En somme la proposition Jules Roche est votée tout entière et toutes les autres sont écartées (2).

Au Sénat le débat fut beaucoup plus languissant. La commission (rapporteur, Robert de Massy) concluait au maintien du *statu quo*. Dès le 4 décembre 1882, M. Allou se prononçait dans le même sens. Sentant l'hostilité irréductible du Sénat à l'égard du projet voté par la Chambre, M. Humbert déposait un contre-projet moins radical où pour concilier la liberté de conscience avec les croyances de la majorité, il revenait au projet qu'il avait présenté à la Chambre comme garde des sceaux : double formule facultative. Signalons également le contre-projet Eymard-Duvernet qui ne touchait en rien aux formules de serments et décidait que le témoin refusant serait entendu à titre

(1) Séance des 22 et 24 juin.

(2) Séance du 24 juin.

de simple renseignement et que le juré pourrait être récusé ; c'eût été supprimer tout serment des témoins et s'affranchir à volonté de la fonction de juré. Dans la séance du 1er février 1883, M. Grandperret pose en principe que la liberté de conscience est seulement la liberté de la foi religieuse, de la croyance et que l'athée qui n'a pas de croyance n'y a aucun droit. MM. Schœlcher et Eugène Pelletan parlent successivement contre le maintien du *statu quo* (1) ; le garde des sceaux, M. Devès se rallie au timide amendement Salneuve et Vissaguet, qui raie les mots devant Dieu et devant les hommes des articles 312 et 348, sans plus. Les articles 1 et 3 du projet Jules Roche sont abandonnés avant le vote : mais l'article 2 ou ce qui revient au même, l'amendement Salneuve n'en est pas moins repoussé par M. Jouin et M. Robert de Massy au nom de la commission. Au vote, l'article 1er du projet de la Chambre est repoussé ; l'article 2 aussi par 148 voix contre 119. Challemel-Lacour, Clamageran, Henri Martin, Victor Hugo votèrent avec la minorité. M. Humbert avait déjà retiré son contre-projet sur l'article 1er ; mais ne perdant pas courage il présente une nouvelle proposition, plus modeste encore que les autres. Elle ne touche que les articles 312 et 348 du Code d'instruction criminelle : elle laisse subsister les mots devant Dieu et devant les hommes, mais elle permet au juré de s'en affranchir s'il en fait la demande au président avant l'audience. C'est le système de la double formule réduit aux articles 312 et 348, et soumis à une condition spéciale. Quant au mot jurer il a pour M. Humbert deux significations légales : une, générale et religieuse pour les croyants, une autre exception-

(1) Séance du 2 février 1883.

nelle et laïque pour les autres. Le garde des sceaux se rallie à cette proposition qui, malgré l'opposition de M. Robert de Massy, est adoptée par 151 voix contre 120. L'article 3 du projet de la Chambre est naturellement repoussé. A la séance du 26 février, M. Oscar de Vallée tente un suprême effort pour faire rejeter la proposition Humbert sur laquelle une deuxième délibération avait été votée. Selon lui, obliger à jurer devant Dieu et devant les hommes n'est nullement contraire à la liberté de conscience. M. Humbert répond et fait adopter sa proposition en deuxième délibération par 156 voix contre 115.

Le résultat était bien mince. Se plaçant à un faux point de vue, la haute assemblée attribuait à la réforme projetée une portée politique : elle considérait son adoption comme le prélude de la séparation de l'Eglise et de l'Etat !

Transmis à la Chambre, le projet voté par le Sénat y sommeilla de 1883 à 1889. A cette époque, le 25 novembre le président du Sénat rappelait à la Chambre l'existence de ce projet (1). La Chambre nomme une commission en mars 1890 et M. Forcioli dépose le 15 juillet 1890 un rapport concluant au rejet du projet du Sénat et à l'adoption de la proposition Jules Roche (2) : mais la Chambre oublia de délibérer sur ce rapport. Le 21 novembre 1893, nouveau rappel du président du Sénat à la Chambre (3). La Chambre de nommer une commission dont M. Mirman dépose le rapport le 24 avril 1894 (4). Pour arriver à une solution rapide la commission concluait à l'adoption du projet sénatorial, mais son rapport ne fut pas plus examiné que le

(1) *Journ. off.*, 1889 ; Ch. *Doc. parl.*, Annexe 95.
(2) *Journ. off.*, 1890 ; Ch. *Doc. parl.*, Annexe 839.
(3) *Journ. off.*, 1893 ; Ch. *Doc. parl.*, Annexe 14.
(4) *Journ. off.*, 1894 ; Ch. *Doc. parl.*, Annexe 568.

précédent. Le 20 juin 1898, troisième rappel du président du Sénat (1). La Chambre nomme une commission, et M. Chauvin rapporteur dépose le rapport le 3 juillet 1899 (2). La question était aussitôt mise à l'ordre du jour ; mais par une coïncidence malheureuse la Chambre partait en vacances quelques jours après et au moment même où elle allait s'occuper de notre question. A la rentrée prochaine le budget de l'année 1900 absorbera, à bon droit, l'attention de la Chambre, de sorte qu'une loi sur le serment n'est pas près d'intervenir.

La solution languit donc depuis dix-sept ans parce que le Parlement n'est plus aiguillonné par l'opinion publique, celle-ci par la presse et la presse par des refus de serment retentissants. Il est triste que de tels procédés soient nécessaires ou même indispensables pour faire triompher une réforme qui est basée sur de si fortes raisons (3). Il n'est pas du reste téméraire de supposer que bien des personnes consentent au serment malgré leurs convictions intimes par la crainte de la perte du procès ou d'une amende qu'elles ne sont pas en mesure de subir d'un cœur léger, sans compter les dommages-intérêts au profit de l'accusé qui peuvent s'y ajouter, ou bien par une répugnance à se mettre en contravention avec la loi ou bien encore pour

(1) *Journ. off.* 1898 ; Ch. *Doc. parl.*, Annexe 59.

(2) *Journ. off.*, 1899 ; Ch. *Déb. parl.*, 4 juillet.

Le rapport de M. Chauvin conclut comme celui de M. Mirman à l'adoption du projet sénatorial pour obtenir un demi-résultat le plus tôt possible, et quitte à reprendre le lendemain du vote de la loi la proposition Roche.

(3) M. Daguin donne cependant comme raison d'ajourner la réforme : qu'elle n'est pas réclamée par l'opinion publique, *Bulletin de la Soc. de Lég. comp.* 1887, p. 219.

éviter à l'accusé une prolongation de sa détention préventive.

D'autre part la commission chargée d'étudier la réforme du Code de procédure civile ne modifie pas le texte des articles 120 et 121 ; elle les change seulement de place : du titre des Jugements elle les transporte après l'interrogatoire sur faits et articles et la comparution personnelle.

Il est au contraire notable en matière d'expertise que le projet du Gouvernement adopté par la commission se contente d'une simple affirmation de sincérité, faite avant le rapport oral ou en tête du rapport écrit (1).

(1) Cf. Rousseau et Laisney, *Recueil périodique*, année 1892, p. 186 et sq., article de M. Ludovic Beauchet.

Vu :
Le Président de la thèse,
LÉON MICHEL.

Vu :
Le Doyen,
GLASSON.

Vu et permis d'imprimer :
Le Vice-Recteur de l'Académie de Paris,
GRÉARD.

TABLE DES MATIÈRES

PARTIE CRITIQUE.

Imp. J. Thevenot, Saint-Dizier (Haute-Marne).

Imp. J. Thevenot, Saint-Dizier (Hte-Marne)

www.ingramcontent.com/pod-product-compliance
Ingram Content Group UK Ltd.
Pitfield, Milton Keynes, MK11 3LW, UK
UKHW022054260726
13993UKWH00001B/99

9 782329 161303